T0160532

RAYMOND LULLE
LE LANGAGE ET LA RAISON

DANS LA MÊME COLLECTION

ASHWORTH E. Jennifer, *Les théories de l'analogie du XIIe au XVIe siècle*, 2008

BIANCHI L., *Pour une histoire de la "double vérité"*, 2008

FLASCH K., *D'Averroès à Maître Eckhart Les sources « arabes » de la mystique allemande*, 2008

IMBACH R. et C. KÖNIG-PRALONG, *Le défi laïque. Existe-t-il une philosophie de laïcs au Moyen Âge ?*, 2013

KÖNIG-PRALONG C., *Médiévisme philosophique et raison moderne. De Pierre Bayle à Ernest Renan*, 2016

MARENBON J., *Le temps, l'éternité et la prescience de Boèce à Thomas d'Aquin*, 2005

PERLER D., *Théories de l'intentionnalité au Moyen Âge*, 2003

CONFÉRENCES PIERRE ABÉLARD

Fondateur : Ruedi IMBACH
Directeurs : I. CATACH, P. PORRO et J. SCHMUTZ

RAYMOND LULLE
LE LANGAGE ET LA RAISON
UNE INTRODUCTION À LA GENÈSE
DE L'*ARS*

par

Josep E. RUBIO

PARIS
LIBRAIRIE PHILOSOPHIQUE J. VRIN
6 place de la Sorbonne, V^e

2017

© *Librairie Philosophique J. VRIN*, 2017

Imprimé en France

ISSN 1765-6095

ISBN 978-2-7116-2714-1

www.vrin.fr

LISTE DES ABRÉVIATIONS DES ŒUVRES DE LULLE

Llibre de contemplació en Déu, dans Ramon Llull, *Obres Essencials*, vol. II, Barcelona, ed. Selecta, 1960, p. 97-1269.

ROL : *Raimundi Lulli Opera Latina*, vol. 1-5, Palma de Mallorca, Maioricensis Schola Lullistica, 1959-1967 ; vol. 6 et suivants, Turnhout, Brepols, 1975-

Ars amatiua boni, éd. M. Romano, ROL XXIX (Corpus Christianorum-Continuatio Mediaeualis CLXXXIII), Turnhout, Brepols, 2004, p. 1-432.

Ars breuis, éd. A. Madre, ROL XII (Corpus Christianorum-Continuatio Mediaeualis XXXVIII), Turnhout, Brepols, 1984, p. 171-255.

Ars generalis ultima, éd. A. Madre, ROL XIV (Corpus Christianorum-Continuatio Mediaeualis 75), Turnhout, Brepols, 1986.

Arbor scientiae, éd. P. Villalba Varneda, 3 vol. Vol. II : ROL XXV (Corpus Christianorum-Continuatio Mediaeualis CLXXX B), Turnhout, Brepols, 2000.

Ars demonstratiua, éd. J. E. Rubio Albarracín, ROL XXXII (Corpus Christianorum-Continuatio Mediaeualis 213), Turnhout, Brepols, 2007.

Ars inuentiva ueritatis. éd. J. Uscatescu Barrón, ROL XXXVII (Corpus Christianorum-Continuatio Mediaeualis 265), Turnhout, Brepols, 2014.

De ascensu et descensu intellectus, éd. A. Madre, ROL IX (Corpus Christianorum-Continuatio Mediaeualis XXXV), Turnhout, Brepols, 1981, p. 1-199.

Disputatio Petri clerici et Raimundi phantastici, ed. A. Oliver et M. Senellart, ROL XVI, (Corpus Christianorum-Continuatio Mediaeualis LXXVIII), Turnhout, Brepols, 1988, p. 1-30.

Liber de locutione angelorum, ed. A. Oliver et M. Senellart, ROL XVI, (Corpus Christianorum-Continuatio Mediaeualis LXXVIII), Turnhout, Brepols, 1988, p. 207-236.

Liber de sexto sensu, i.e. de affatu, éd. V. Tenge-Wolf, ROL XXXV (Corpus Christianorum-Continuatio Mediaeualis 248), Turnhout, Brepols, 2014, p. 99-150.

Orationes et contemplationes intellectus, éd. J. Medina, ROL XXXIII (Corpus Christianorum-Continuatio Mediaeualis 215), Turnhout, Brepols, 2009, p. 563-601.

Rhetorica noua, ed. J. Medina, ROL XXX (Corpus Christianorum-Continuatio Mediaeualis CLXXXIV), Turnhout, Brepols, 2005, p. 1-77.

Vita coaetanea, ed. P. Harada, ROL VIII (Corpus Christianorum-Continuatio Mediaeualis XXXIV), Turnhout, Brepols, 1980, p. 259-309.

Maioricensis Schola Lullistica

Ars mystica theologiae, éd. H. Riedlinger, ROL V, Palma de Mallorca, Maioricensis Schola Lullistica, 1967, p. 259-466.

Liber de compendiosa contemplatione, éd. J. Stöhr, ROL I, Palma de Mallorca, Maioricensis Schola Lullistica, 1959, p. 69-86.

Liber de praedicatione, éd. A. Soria Flores, ROL III-IV, Palma de Mallorca, Maioricensis Schola Lullistica, 1961-1963.

MOG : *Raimundi Lulli Opera Omnia*. Ed. Ivo Salzinger *et al.*, vol. I-VI, IX-X, Mainz, 1721-1742 (réimpression par F. Stegmüller, Frankfurt, Minerva, 1965). (On cite d'après la numération interne et la pagination de l'édition originale suivie, entre parenthèse, de la pagination de la réimpression).

Ars compendiosa inveniendi veritatem, éd. I Salzinger, MOG I, 1721, Int. VI (p. 433-473).

Compendium seu commentum Artis demonstrativae, éd. I. Salzinger et F. P. Wolff, MOG III, 1722, Int. VI (p. 293-452).

Introductoria Artis demonstrativae, éd. I. Salzinger et F. P. Wolff, MOG III, 1722, Int. II (p. 55-92).

Lectura Artis compendiosae inveniendi veritatem, éd. I Salzinger, MOG I, 1721, Int. VIII (p. 483-606).

Lectura super figuras Artis demonstrativae, éd. I. Salzinger et F. P. Wolff, MOG III, 1722, Int. IV (p. 205-247).

Liber de convenientia fidei et intellectus in objecto, éd. F. P. Wolff et J. M. Kurhummel, MOG IV, 1729, Int. XI (p. 571-575).

Liber propositionum secundum Artem demonstrativam, éd. I. Salzinger et F. P. Wolff, MOG III, 1722, Int. VIII (p. 503-563).

NEORL : *Nova Edició de les Obres de Ramon Llull*, Palma de Mallorca, Patronat Ramon Llull, 1991-

Ramon Llull, *Llibre d'intenció*, éd. M. I. Ripoll Perelló, NEORL XII, Palma, Patronat Ramon Llull, 2013.

ORL : *Obres de Ramon Llull*. Ed. de Salvador Galmés *et al.* 21 vol., Palma de Mallorca, 1906-1950.

Llibre dels àngels, éd. M. Tous Gayà, ORL XXI, Palma de Mallorca, 1950, p. 305-375.

Arbre de Filosofia d'Amor, éd. S. Galmés, ORL XVIII, Palma de Mallorca, 1935, p. 67-227.

PRÉFACE

Les chapitres qui constituent ce livre naissent du texte révisé des conférences « Pierre Abélard » présentées à l'Université de Paris IV en juin 2012. Pour les conférences, j'avais profité de quelques textes antérieurs, convenablement remaniés, amplifiés et complétés, pour élaborer un ensemble dont le but était de réfléchir sur le sujet de l'origine et du fonctionnement des premières versions de l'*Ars* lullienne, objet d'étude auquel je me suis consacré ces dernières années[1]. L'écriture des conférences m'a permis d'avancer quelques idées qui, je l'espère, vont profiter d'un développement ultérieur. Il s'agit notamment de l'étude de la philosophie du langage de Lulle, ici présente dans ses grandes lignes comme point de départ de la réflexion sur les relations entre réalité, raison et expression linguistique. C'est cette réflexion qui, selon nous, se trouve à la base de la « découverte » de l'*Ars* comme réponse aux enjeux expressifs posés par le *Livre de contemplation*.

Il sera donc intéressant de proposer une étude plus approfondie de la théorie sémiologique lullienne en relation avec les idées qui

1. Le point de départ des conférences se trouve dans trois articles : « Ramon Llull : le langage et la raison », dans A. Musco, C. Compagno, S. d'Agostino, G. Musotto (éd.), *Universalità della Ragione. Pluralità delle filosofie nel Medioevo. XII Congresso Internazionale di Filosofia Medievale della Société Internationale pour l'Étude de la Philosophie Médiévale (Palermo, 17-22 settembre 2007)* II. 2, Palermo, Officina di Studi Medievali, 2012, p. 1163-1168 ; « "Significatio" im *Liber contemplationis*, oder : wie kann man durch die Betrachtung die Wahrheit finden? », dans F. Domínguez Reboiras, V. Tenge-Wolf, P. Walter (éd.), *Gottes Schau und Weltbetrachtung. Interpretationen zum « Liber contemplationis » des Raimundus Lullus. Akten des Internationalen Kongresses aus Anlass des 50-jährigen Bestehens des Raimundus-Lullus-Instituts der Albert-Ludwigs-Universität Freiburg, 25.-28. November 2007*, Turnhout, Brepols, 2011, p. 227-237 ; « Contemplation et prière, deux composantes de l'Art lullien », *Iris. Annales de philosophie* 33 (2012), p. 59-70.

font débat dans la philosophie du langage de son temps. Dans les débats qui ont suivi les conférences j'ai pu bénéficier de précieuses orientations à cet égard. Mais l'objectif de ce livre est d'offrir une présentation des présupposés qui sont à la base de la méthode de recherche de la vérité connue comme l'« Ars de Lulle ». Pourquoi cette Ars ? Comment se construit-elle ? Aux mots qui figurent dans le titre général, « langage » et « raison », il faudrait peut-être en ajouter un autre : foi. Parce que, en définitive, l'Ars de Lulle n'est qu'un langage dessiné de façon à transmettre, à communiquer rationnellement le contenu de la foi. Voilà le sens de l'Ars. Nous allons donc commencer par les réflexions lulliennes autour du langage, de ses possibilités communicatives, et de la relation entre le langage humain et la réalité qui est l'objet de la connaissance mais qui est aussi, elle même, instrument de cette connaissance quand on la considère comme un dépôt de signes qui configurent un autre langage. Nous passerons ainsi à la question de la signification, unie à celle du langage, comme l'autre pied qui soutien l'Ars. Finalement, on verra comment du jeu des significations et de la conception lullienne d'un langage spécial au service de la raison surgit la formalisation de l'Ars, une méthode au service de la contemplation rationnelle de Dieu. Nous tenterons également de nous introduire dans le fonctionnement de cette méthode.

Je tiens à remercier vivement Ruedi Imbach et Irène Rosier-Catach pour l'invitation à présenter les conférences et pour leur accueil amical. Ils m'ont offert ainsi l'occasion de parler de Raymond Lulle à Paris, l'un des lieux les plus importants pour l'histoire de son œuvre ainsi que de sa réception. C'est à Paris que naît le lullisme, c'est-à-dire, l'étude et la diffusion des idées du maître Raymond, déjà au XIVᵉ siècle, avec Thomas le Myésier, le disciple direct de Lulle, qui va jouer un rôle fondamental dans le rayonnement du philosophe catalan. Le beau livre de l'historien Jocelyn Hillgarth, *Ramon Llull and Lullism in 14th Century France* (Oxford, Clarendon Press 1971) montre comment on ne peut pas comprendre Lulle sans connaître ce premier lullisme français, qui est le résultat de la relation privilégié de Lulle avec la Sorbonne et avec d'autres centres parisiens comme la Chartreuse de Vauvert. Dans la suite, cette semence va donner des fruits chez d'autres auteurs, comme l'humaniste Lefèvre d'Étaples. Que ce livre soit donc un petit et humble hommage aux spécialistes français qui, dans le sillage de ces pionniers, ont ouvert le chemin au lullisme moderne. Sur le plan personnel, je dois être reconnaissant à la figure et à l'œuvre du professeur Armand Llinarès : j'ai eu le plaisir de faire sa connaissance quand j'étais un jeune étudiant de doctorat, et j'ai pu bénéficier de son encouragement ainsi que de sa sagesse.

On comprend alors que l'invitation de la Chaire Pierre Abélard représente pour moi un motif spécial d'émotion. J'espère que ma modeste contribution pourra être utile à tous ceux intéressés à s'introduire dans l'*Ars* de Raymond Lulle. Ces conférences ont pris la forme de livre grâce aux bons offices des professeurs Pasquale Porro et Irène Rosier-Catach, qui l'ont en plus enrichi de précieuses suggestions et corrections, dont je suis vivement reconnaissant. Je voudrais aussi remercier tous ceux qui ont participé aux discussions de leurs questions et commentaires, ainsi que ma collègue la professeure Ana Monleón, de l'Université de València, qui m'a aidé à résoudre certaines difficultés linguistiques lors de la rédaction en français des conférences. Finalement, il faut ajouter que l'élaboration de ce livre a été possible grâce au concours du Ministère Espagnol d'Économie et Compétitivité, dans le cadre du projet de recherche FFI2013-45931-P.

Josep E. RUBIO
Universitat de València / IIFV

CHAPITRE PREMIER

LANGAGE ET RÉALITÉ : UNE RELATION PROBLÉMATIQUE CHEZ LULLE

L'*ARS* ET L'ÉCRITURE COMME COMMUNICATION DU CONTENU DE LA FOI

Il convient tout d'abord de rappeler que Raymond Lulle est un philosophe quelque peu exceptionnel. On lui reproche d'être un « out-sider », de ne pas suivre le cheminement rigoureux et systématique de la pensée de son temps. Ou aussi de simplifier parfois les problèmes auxquels s'affrontaient ses contemporains ; ainsi, il prendrait par exemple le vocabulaire et les formes de la logique ou de l'épistémologie scolaires pour façonner son propre système, qui serait plutôt de nature spirituelle et contemplative, mais déguisé en des formes logiques qui ne résisteraient pas à la critique des vrais spécialistes de logique. D'autres, par contre, considèrent que Lulle répond de manière originale et rigoureuse aux problèmes posées par la philosophie scolastique du XIIIe siècle [1].

---

1. Si on tient compte seulement d'un des multiples aspects qui configurent l'*Ars* de Lulle, on risque de tomber dans une vision purement partielle du philosophe et de sa pensée : un mystique, un logicien, un encyclopédiste, ou simplement un fou illuminé. Récemment, certains travaux ont repris la polémique sur la vraie interprétation de Lulle, soit comme un pur contemplatif sans aucune intention philosophique sérieuse, soit comme inventeur d'un système philosophique dont le but contemplatif est accompagné d'un souci épistémologique. Nous allons tenter de montrer que le système de l'*Ars* veut intégrer toutes les dimensions dans un complexe qui unit contemplation et connaissance-démonstration de la vérité, impossible d'être contemplée si elle n'est pas bien connue. On peut trouver un résumé des positions polémiques dans l'article récent d'A. Bonner, « Qui té por de Ramon Llull ? », *Studia Lulliana* 54 (2014), p. 87-99.

Mais, s'il est bien vrai qu'il se trouve en position marginale dans les grands débats de son époque (il n'est pas même cité par les grands philosophes de son temps), il est indéniable que cette position extratemporelle fait de lui en même temps un penseur original et digne d'intérêt. Et il y a des philosophes postérieurs qui ont reconnu l'importance de Lulle et ont même subi son influence, directe ou indirecte ; mais ce point appartient à l'histoire de certains courants de pensée, qui se manifestèrent surtout à partir de la Renaissance.

L'originalité de Lulle fait donc de sa pensée un objet un peu étrange dans l'histoire de la philosophie médiévale, mais pour cette même raison intéressant et toujours stimulant pour l'étude. D'où naît cette originalité? Elle naît d'une expérience personnelle qui est à l'origine de son activité intellectuelle. Il existe un texte bien connu, la *Vita coaetanea*, un texte que l'on considère comme « autobiographique » mais qui a plutôt un caractère de justification, de présentation de l'auteur et de son œuvre, et surtout d'explication des raisons pour lesquelles il écrit. Cette *Vita* commence par la narration de l'expérience à laquelle nous venons de nous référer. Et cela n'est pas fortuit. Lulle nous raconte que tout a commencé avec sa « conversion à la pénitence », après l'apparition de Christ crucifié. Les circonstances de cet événement sont présentées avec précision : le crucifié apparaît au moment où Lulle essaie d'écrire une chanson amoureuse à une dame :

> Au temps de sa jeunesse, Raymond, sénéchal à la cour du roi de Majorque, passait son temps à rimer des poèmes et de vaines chansons et s'adonnait aux plaisirs mondains. Une nuit, assis au bord de son lit, il cherchait à composer et à écrire en sa langue vulgaire une chanson à l'adresse d'une dame qu'il aimait alors follement. Il commençait à écrire cette chanson, lorsque, regardant vers sa droite, il vit le Seigneur Jésus Christ comme suspendu à la croix[1].

1. *La Vita coetanea de Raymond Lulle* (trad. de R. Sugranyes de Franch), dans R. D. F. Pring-Mill, *Le microcosme lullien*, Fribourg-Paris, Academic Press-Cerf, 2008, p. 171-201 (p. 171). Le texte latin original est le suivant : « Raimundus senescallus mensae regis Maioricarum, dum iuuenis adhuc in uanis cantilenis seu carminibus componendis et aliis lasciuiis saeculi deditus esset nimis, sedebat nocte quadam iuxta lectum suum, paratus ad dictandum et scribendum in suo uulgari unam cantilenam de quadam domina, quam tunc amore fatuo diligebat. Dum igitur cantilenam praedictam inciperet

L'écriture est au centre de l'histoire que nous raconte la *Vita coaetanea*, car il s'agit, en définitive, de l'histoire de cette écriture, de l'écriture lullienne. Une écriture qui s'adresse au service de Dieu après la conversion mais, et cela est le point remarquable, qui continue à être celle d'un laïc qui fait concurrence aux professionnels et doit donc expliquer comment et pourquoi il ose pénétrer dans un territoire qui traditionnellement a été réservé aux clercs.

Si nous jetons un coup d'œil attentif à la narration de la *Vita coaetanea*, nous allons découvrir ce rôle déterminant de l'écriture en particulier et du langage en général dans l'action lulienne. D'abord, il faut le répéter, c'est dans l'acte d'écrire que se déclenche l'expérience de la conversion. L'apparition du crucifié se répète à plusieurs reprises, mais toujours, et cela est souligné par Lulle, quand il tente d'achever la chanson :

> Le lendemain pourtant, il se leva et retourna à ses plaisirs habituels, sans se soucier aucunement de cette vision. Bien plus, quelque huit jours après, il se remit à écrire au même endroit et presque à la même heure, pour achever sa chanson. Le Seigneur lui apparut de nouveau sur la croix (…). Mais le lendemain, négligeant à nouveau l'apparition, il ne renonça pas à ses folies ; bien au contraire, il tenta peu après d'achever la chanson commencée, jusqu'à ce que, à quelques jours d'intervalle, le Seigneur lui apparût successivement une troisième et une quatrième fois, et toujours de la même manière[1].

scribere, respiciens a dextris uidit Dominum Iesum Christum tanquam pendentem in cruce ». *Vita coaetanea*, ed. P. Harada, ROL VIII (Corpus Christianorum-Continuatio Mediaeualis XXXIV), Turnhout, Brepols, 1980, p. 272-273. Le récit le plus complet et à jour de la vie de Raymond Lulle est celui de Fernando Domínguez et Jordi Gayà, « Life », dans A. Fidora, J. E. Rubio (éd.), *Raimundus Lullus. An Introduction to his Life, Works and Thought*, Turnhout, Brepols, 2008 (Corpus Christianorum-Continuatio Mediaeualis 214), p. 3-124.

1. *La Vita coetanea de Raymond Lulle, op. cit.*, p. 171 : « In crastino uero surgens, et ad uanitates solitas rediens, nihil de uisione illa curabat ; immo cito quasi per octo dies postea, in loco quo prius, et quasi hora eadem, iterum se aptauit ad scribendum et perficiendum cantilenam suam praedictam. Cui Dominus iterum in cruce apparuit, sicut ante (…). Sed adhuc in crastino, apparitionem negligens sibi factam, suam lasciuiam non dimisit ; immo post paululum suam cantilenam nitebatur perficere incohatam, donec sibi tertio et quarto successiue, diebus interpositis aliquibus, Saluator in forma semper, qua primitus, appareret » (ROL VIII, p. 273).

L'écriture profane, celle de la poésie amoureuse en vulgaire, s'assimile ainsi à la *lasciuia mundi*, et s'en détourner implique nécessairement un changement d'orientation radical, mais pas un abandon de la plume. Pour Lulle, il reste clair que Dieu l'appelle à son service, et que ce service implique donner témoignage aux infidèles, leur communiquer la vérité sur ce Dieu qu'ils méconnaissent. Comment réaliser ce projet ? Encore par l'écriture : il conçoit l'idée de faire un livre, « le plus efficace du monde », contre les erreurs des infidèles[1].

Mais le livre n'est que le point de départ d'une action communicative plus large. Son contenu doit être transmis, expliqué ; il doit arriver à tous ceux qui en ont besoin, dans tous les coins du monde, et dans les langues appropriées. Le livre est le fondement d'une action missionnaire, parce que la conversion universelle à la vérité du christianisme ne peut s'accomplir qu'avec le concours d'une armée de prédicateurs munis d'arguments et formés dans la connaissance des langues des infidèles. C'est pour cela que l'autre grand objectif de Lulle, complémentaire de l'écriture d'une œuvre pour la démonstration de la foi, est de demander au Pape et aux rois la fondation de monastères où l'on apprendra l'arabe et les autres langues des infidèles. La démonstration de la foi, pour Lulle, c'est sa communication. Et pour cette raison l'écriture comme procès communicatif ou comme condition première pour la transmission des idées restera toujours au centre de l'activité lulienne. La *Vita coaetanea* finit, en fait, avec un catalogue des œuvres de Lulle et avec l'indication des lieux où il a fait garder des copies. C'est ainsi qu'il ne faut pas lire le texte exclusivement comme une biographie, mais comme une biobibliographie, comme l'histoire d'une vie

---

1. « Tandis qu'il broyait ces idées lugubres, voici que sans qu'il sût comment, Dieu seul le sait, une sorte d'inspiration véhémente remplit son cœur et son intelligence : il devrait dans les temps à venir composer un livre qui serait le plus efficace du monde contre les erreurs des infidèles » (*Vita coaetanea*, trad. de R. Sugranyes de Franch, *op. cit.*, p. 173). « Verum dum ipse mente lugubri hoc deuolueret, ecce – nesciebat ipso quomodo, sed scit Deus, – intrauit cor eius uehemens ac implens quoddam dictamen mentis, quod ipse facturus esset postea unum librum, meliorem de mundo, contra errores infidelium ». (ROL VIII, p. 275).

vouée à une œuvre dans laquelle sont contenus l'art, la technique, la façon de convertir les infidèles au christianisme[1].

L'auteur justifie la nécessité de cette œuvre face aux milieux scolaires philosophiques et théologiques du moment. Il doit expliquer la raison de cette proposition toute nouvelle, étrange, différente. Le recours à une illumination divine comme source de cette écriture est alors compréhensible. Lulle affirmera toujours que ce n'est pas lui, mais Dieu, le vrai auteur de ses livres. En réalité, l'expérience illuminative de Lulle est une expérience intellectuelle qui naît de la contemplation de la relation entre le mode d'être des choses et le mode de les comprendre, et entre la création et son créateur. Lulle est convaincu que le mode d'être des choses est inscrit dans la structure intellectuelle de l'animal rationel, et son *Ars* n'est que la transcription dans un code linguistique de la vérité inscrite dans les choses, de l'écriture de Dieu dans la création. C'est en ce sens que Dieu est l'auteur, en dernier lieu, de l'*Ars* lullienne.

De là suit que le souci lullien pour le langage et la communication soit fondamental pour comprendre la genèse de son *Ars*. Raymond Lulle attache une très grande importance au langage. D'abord, parce qu'il joue un rôle central dans le processus de communication interpersonnelle propre au projet missionnaire. La raison de la foi doit être non seulement claire intellectuellement, mais aussi communicable moyennant un discours. Le langage est le moyen nécessaire entre deux intellects pour parvenir à un accord rationnel, et les mots ont le pouvoir de faire s'accorder les interlocuteurs : « Puisque la parole est le moyen et l'instrument avec lequel les locuteurs et les auditeurs conviennent d'une même fin, il s'en suit que plus les paroles seront ordonnées et ornées, plus seront-elles pleines de beauté », pouvons-nous lire tout au début de la *Rhetorica noua*[2]. La convenance, l'accord en une fin commune

---

1. C'est en ce sens que les vrais protagonistes de la vie de Lulle sont la mission et l'*Ars* : « These two themes, namely mission and Art, act as the true protagonists in his life » (F. Domínguez, J. Gayà, « Life », dans *Raimundus Lullus. An Introduction to his Life, Works and Thought, op. cit.*, p. 8).

2. *Rhetorica noua*, ed. J. Medina, ROL XXX (Corpus Christianorum-Continuatio Mediaeualis CLXXXIV), Turnhout, Brepols, 2005, p. 22 : « Cum uerbum sit medium et instrumentum per quod loquentes et audientes in unum finem conueniunt, consequitur ut quanto uerba fuerint amplius ordinata magisque ornata, tanto ampliori pulchritudine

est l'objectif, et celui-ci ne peut pas être atteint sans un langage partagé. De cela aussi vient que le dialogue est la forme littéraire appropriée à l'expression des œuvres missionnaires[1].

Pour que le dialogue aboutisse à la transmission d'une pensée rationnellement construite, il faut qu'il accomplisse certaines conditions, aussi bien matérielles que formelles. La dispute doit être arrangée dans tous les détails textuels pour qu'elle puisse se développer aisément dans une ambiance de respect et même d'amabilité[2]. Mais surtout le contenu du dialogue, le texte au-delà du contexte où il est énoncé, doit répondre à un accord qui naît de la raison. Ici, la convenance entre les interlocuteurs est garantie par la condensation au minimum des éléments culturellement communs et par l'établissement d'une méthode abrégée qui doit tenir compte des principes essentiels, sans aucun recours aux autorités, et qui fonctionne à partir de la seule raison. Le *Livre du gentil et des trois sages* met en scène une telle méthode, l'*Ars*, dans sa dialogique. Son point de départ est la conviction qu'il y

---

uenustentur ». L'accord dans la discussion à partir d'un point commun entre les interlocuteurs fait penser à Aristote, *Métaphysique* XI, 5 (1062a12-15) : « Ceux donc qui ont à entrer en discussion l'un avec l'autre, doivent se rencontrer entre eux sur quelque point ; sans la réalisation de cette condition, comment pourrait-il y avoir discussion commune à l'égard l'un de l'autre ? Il faut, par suite, que chaque mot leur soit familier et qu'il exprime une chose, non pas plusieurs choses, mais rien qu'une seule » (Aristote, *La Métaphysique*, trad. fr. J. Tricot, Paris, Vrin, 1970, t. 2, p. 595-596). La nécessité d'un accord entre les locuteurs, qui passe par un consensus dans l'usage du langage, est une question centrale dans la théorie du discours vocal signifiant développée par un contemporain de Lulle, Henri de Gand, dans l'article 73 de sa *Somme de questions ordinaires*, écrit une dizaine d'années auparavant. À partir de textes augustiniens (*De dialectica*, *De magistro*, *De doctrina christiana* et le *De Trinitate*), d'un passage du *De sensu et sensato* d'Aristote et de l'interprétation que fait Averroès du passage de la *Métaphysique* IV sur le principe de contradiction, il énonce le principe que tout verbe ou nom entendu en un sens large est un certain symbole entre celui qui parle et celui qui écoute. *Cf.* I. Rosier-Catach, « Signification et efficacité : sur les prolongements médiévaux de la théorie augustinienne du signe », *Revue des sciences philosophiques et théologiques* 91/1 (2007), p. 51-74 (p. 55).

1. Un aspect qui a été étudié par R. Friedlein, *Der Dialog bei Ramon Llull. Literarische Gestaltung als apologetische Strategie*, Tübingen, Niemeyer, 2004.

2. Lulle développe ainsi tout un « art de disputer » avec des règles protocolaires, déjà énoncées dans le chapitre 168 du *Livre de contemplation*. Voir M. Salleras, « L'art d'esputació de fe en el Llibre de contemplació en Déu », *Estudi General* 9 (1989), p. 187-197.

a une série de principes communs, acceptables et acceptés par les hommes cultivés de n'importe quelle religion, parce qu'ils répondent à la structure de l'être[1]. La « Dame Entendement », l'un des personnages du dialogue, montre aux trois sages, le Chrétien, le Musulman et le Juif, quels sont ces principes, principes qui apparaissent comme des fleurs sur des arbres placés dans un *locus amoenus* où le dialogue aura lieu.

Ce dialogue va se produire à partir des conditions tirées de ces principes. Il sera effectif parce qu'il ne suivra ni la voie de l'opinion, ni celle de la foi, ni celle des autorités. Lulle est bien conscient du fondement différent qui sépare sa propre philosophie de la philosophie officielle dominante dans les Facultés des Arts et de Théologie à Paris, à laquelle sa proposition va se heurter. Il accusera les professeurs de Paris de ne disputer qu'à partir d'opinions. Dans la *Disputatio Petri et Raimundi* (aussi connue comme le *Phantasticus*), le personnage du clerc Pierre accuse Lulle d'être prétentieux pour avoir voulu disputer avec les maîtres de Paris, sans succès. Voici la réponse de Lulle :

> Il est vrai que j'ai disputé à Paris avec les maîtres ès arts. Toute dispute procède selon les opinions, ou bien selon la certitude qui est dans la chose. Or toute l'étude que l'on fait à Paris ne gît qu'en opinions. Mais pour ma propre dispute, elle n'est fondée que sur des raisonnements connus de l'entendement et tirés de la nature et de l'essence de la chose, puisque l'intelligible est le vrai objet de la philosophie[2].

---

1. Pour un exposé clair du fond culturel commun aux trois réligions sur lequel Lulle construit son *Ars*, voir R. D. F. Pring-Mill, *Le microcosme lullien, op. cit.*

2. Raymond Lulle, « Le Fantastique ou la dispute de Pierre le Clerc et de Raymond le Fantastique (trad. M. Senellart, légèrement revue) », *dans Penser la religion. Recherches en Philosophie de la Religion*, Paris, Beauchesne, 1991, p. 17-52 (p. 32-33). Voir le texte original : *Disputatio Petri clerici et Raimundi phantastici*, ed. A. Oliver, M. Senellart, ROL XVI, (Corpus Christianorum-Continuatio Mediaeualis LXXVIII), Turnhout, Brepols, 1988, p. 18 : « Clerice, uerum est me cum ipsis Parisii disputasse. Sed disputatio quandoque procedit secundum opiniones, quandoque secundum certitudinem siue quoad rem. Parisiense autem studium quasi in opinionibus uersum est. Ego uero non disputo, nisi secundum modum intelligendi et quoad rem, cum intelligibile sit obiectum philosophiae ». Sur la relation de Lulle avec les maîtres parisiens, voir R. Imbach, « Der unmögliche Dialog. Lulle und die Pariser Universitätsphilosophie 1309-1311 », dans Id., *Laien in der Philosophie des Mittelalters*, Amsterdam, Grüner, 1989, p. 102-131.

Peut-être le reproche énoncé dans ces paroles est trop injuste. En réalité, Lulle veut remarquer, tout en défendant sa position, que la philosophie officielle n'a pas compris son pari de poser un fondement tiré de principes universels. L'objet de la philosophie serait la connaissance du réel intelligible. Avec sa méthode, on peut y parvenir aisément, à condition de s'adapter à son langage particulier et d'oublier les exposés d'une philosophie qui ne soit entièrement orientée vers l'apologétique. L'alternative lulienne est une philosophie dont le langage peut incorporer les contenus de la croyance et les transformer en des raisons nécessaires capables de confirmer et de démontrer la foi. Comme le dit Fernando Domínguez Reboiras, en référence à la dispute entre les trois sages du *Livre du gentil* : « dans ses interventions, chacun des trois sages démontre que les contenus de sa foi peuvent être traduits en la langue de l'*Ars* de Lulle[1] ». Cette « traduction » est indispensable pour que le dialogue aboutisse à un accord, mais elle implique aussi une réduction de la richesse conceptuelle, un assèchement des contenus, sacrifiés à un nouveau langage stylisé, direct. Pour les *magistri* de Paris cela devait sembler évidemment trop simple.

LE LANGAGE COMME SIGNE SENSIBLE

Mais, à nouveau, cet accord nécessaire qui aboutit chez Lulle à l'adoption de l'*Ars* comme méthode rationnelle commune a besoin d'un autre élément sans lequel la communication ne saurait être possible : un langage commun, partagé par les interlocuteurs. Bien

---

1. « In seinen Ausführungen demonstriert jeder der drei Weisen, dass die Inhalte seines Glaubens in die Sprache der Lullschen Kunst übersetzt werden können ». F. Domínguez, « Der Religionsdialog bei Raimundus Lullus. Apologetische Prämissen und kontemplative Grundlage », dans K. Jacobi (éd.), *Gespräche lesen. Philosophische Dialoge im Mittelalter*, Tübingen, Günter Narr Verlag, 1999, p. 263-290 (p. 282). En ce sens, il est intéressant de remarquer que l'*Ars* se configure comme une « langue commune » à l'usage d'une nouvelle « communauté textuelle » ou, d'après les mots de Harvey Hames, comme une nouvelle « langue vernaculaire », « a langage whose grammar and syntax were the dynamic structure of creation ». H. Hames, « The Language of Conversion. Ramon Llull's Art as a Vernacular », dans F. Somerset, N. Watson (éd.), *The Vulgar Tongue. Medieval and Postmedieval Vernacularity*, University Park, PA, Pennsylvania State University Press, 2003, p. 43-56 (p. 47). On va revenir sur ce point dans le dernier chapitre.

que l'*Ars* puisse être considérée elle même comme un langage, on est ici en face d'une ambiguïté, car si l'*Ars* est la méthode abstraite, elle est aussi la formalisation de cette méthode dans un discours qui utilise une langue naturelle. De cela vient qu'on parle aussi bien de l'*Ars* lullienne au singulier, comme méthode, que des différentes *artes* comme pluralité de textes et pluralité d'expressions de la méthode : l'*Ars compendiosa inveniendi veritatem* (1274), l'*Ars demonstrativa* (ca. 1283, avec une version en catalan : *Art demostrativa*), l'*Ars inventiva veritatis* (1290), etc.

Même si elle doit être ainsi de nature intellectuelle et rationnellement abstraite, on ne saurait exprimer l'*Ars* comme méthode sans le recours sensible d'une quelconque expression linguistique : catalane, latine, arabe, voire dans des langues plus éloignées et exotiques. Et ceci est le problème qui se pose chez Lulle en des termes suivants : comment arriver à une expression linguistique, donc sensible, qui signifie exactement l'intellectualité conçue par la raison ? En d'autres termes, comment les mots peuvent-ils signifier sans erreur une conception mentale intellectuelle et intérieure ?

Le souci lullien pour le langage arrive à en faire un sixième sens, que l'auteur ajoute aux cinq de la psychologie aristotélicienne. Cela ne se produira qu'en 1294, avec le *Liber de sexto sensu, i.e.* : *De affatu*; mais cette œuvre, et la proposition qu'elle contient d'un nouveau sens, est le résultat attendu d'un souci continué de l'expression linguistique et de la communication interpersonnelle qui est à l'œuvre dès le début. L'auteur définit l'*affatus* comme « la puissance avec laquelle l'animal manifeste avec la voix à un autre animal sa conception intérieure »[1]. Une puissance alors qui appartient aux puissances sensibles comme la vision,

---

1. *Liber de affatu*, éd. A. Llinarès, J. Gondras, *Archives d'Histoire Doctrinale et Littéraire du Moyen Âge* 51 (1984), p. 269-297 (p. 295) : « Affatus est illa potentia cum qua animal in voce manifestat extra suam conceptionem ». Voyez maintenant l'édition critique latine : *Liber de sexto sensu, i.e. de affatu*, éd. V. Tenge-Wolf, ROL XXXV (Corpus Christianorum-Continuatio Mediaeualis 248), Turnhout, Brepols, 2014, p. 99-150. Il est intéressant de noter la nuance introduite par la version latine du texte face à la version catalane originale, d'où on tire la traduction française : « la manifestation de la conception intérieure *à un autre animal* », but de l'*affatus* dans la version catalane, devient dans la refonte latine du texte « la manifestation *extérieure* de la conception intérieure », sans référence à l'interlocuteur qui décode le message.

le goût ou le toucher. Il faut suivre le cheminement qui porte à cette « découverte » du sixième sens, à cette considération si intéressante du langage comme puissance sensitive. Il faut nous demander comment Lulle y parvient.

Un exemple tiré de l'*Arbor exemplificalis* dans l'*Arbor scientiae* nous raconte une anecdote très significative qui montre la conscience de part de Lulle de l'importance d'établir un moyen communicatif commun et de résoudre les problèmes linguistiques qui font barrière entre la pure pensée et son expression extérieure moyennant le sens de *l'affatus*. Il s'agit de l'*exemplum* du fruit de l'arbre angélique[1]. Peut-être convient-il de rappeler que l'*Arbor scientiae* est une œuvre à caractère encyclopédique, dont la structure est divisée en plusieurs arbres. Le dernier de ces arbres est formé par une série de contes, d'exemples et de proverbes qui exemplifient les contenus scientifiques des arbres précédents. Dans cet exemple-ci, un ange et un démon disputent à propos d'une question qui fait référence au contenu du fruit de l'arbre. En fait, tous les deux affirment la même conclusion, mais celle-ci est exprimée de façon différente. Un ermite arrive et raconte aux disputants une anecdote qui éclaircit le sens de la dispute. Une fois, un latin et un sarrasin se trouvent dans une vigne. Ils mangent ensemble des raisins, et le latin dit qu'avec eux on fait du vin (*uinum*). Le musulman lui réplique en disant qu'avec les raisins on ne fait pas de *uinum*, mais du *nabit* (c'est le mot censé signifier « vin » en arabe). Ils discutent à ce sujet jusqu'à l'arrivée d'un grec qui connaît les deux langues, et qui leur explique que tous deux ont raison, parce que les deux noms (*uinum*, *nabit*) font référence à une même chose.

Peut-être le choix du vulgaire catalan comme « *lingua franca* » des textes lulliens est à mettre en relation avec cette problématique de l'intercommunication. Les trois sages du *Livre du gentil* ont besoin d'une méthode commune formalisée dans un langage approprié à l'expression des éléments partagés, donc différente

---

1. *Arbor scientiae*, éd. P. Villalba Varneda, 3 vol. ; vol. II : ROL XXV (Corpus Christianorum-Continuatio Mediaeualis CLXXX B), Turnhout, Brepols, 2000, p. 818-819.

de l'apologétique traditionnelle qui fait recours aux autorités. Mais l'énonciation linguistique de la méthode doit être également compréhensible pour tous. Les chrétiens, les musulmans et les juifs de la Couronne d'Aragon peuvent trouver dans le catalan cette langue commune[1]. Ce n'est pas la seule raison qui explique la relative nouveauté de cet usage du vulgaire comme langue d'expression philosophique au xiiie siècle; il y a un public laïc qui, déjà, peut et veut lire en vulgaire des textes scientifiques, théologiques, pas strictement littéraires. Lulle, lui même un laïc, fait partie des auteurs qui promeuvent cette vulgarisation du savoir. Mais l'anecdote du latin et du musulman qui ont besoin d'une « *lingua franca* » pour nommer et pour comprendre la réalité extérieure met aussi l'accent sur la situation sociolinguistique du contexte historique dans lequel se trouvent les infidèles auxquels Lulle s'adresse dans les territoires insulaires et péninsulaires qui viennent d'être conquis par les chrétiens.

Cette anecdote à valeur exemplaire montre aussi l'intérêt lullien pour le signe. Dans le *Livre de contemplation* il est aisé de trouver déjà toute une théorie du signe. Avec cette sémiologie, Raymond Lulle veut établir les règles de la signification droite, règles qui vont permettre au signe sensible se référer à la réalité intellectuelle. Il s'agit en réalité d'une sémiologie au service d'une épistémologie, la pièce maîtresse d'une théorie de la connaissance basée sur les significations tirées des ressemblances qu'articulent les relations entre tous les êtres de la création. Nous allons revenir ultérieurement sur ce point de la ressemblance et de la signification comme pièce maîtresse de l'épistémologie lullienne. La signification est véritable (et l'expression appartient à Lulle, *vera significació*) quand le signe – « *uinum* », « *nabit* » ou « vin » – permet à l'entendement la connaissance de la réalité. La fausse signification, par contre, offre à l'entendement une connaissance

---

1. « Use of the vernacular allowed him to reach his target audience and to do away with one of the formidable barriers to cross-cultural dialogue, the problem of a common language ». H. Hames, « The Language of Conversion. Ramon Llull's Art as a Vernacular », *op. cit.*, p. 51. [« L'usage du vernaculaire doit lui permettre d'arriver à son audience et de finir avec une des principales barrières qui font obstacle au dialogue interculturel : le problème d'une langue partagée ».]

inadéquate de la chose. Tout un souci sémiologique soutient la considération épistémologique et ontologique des relations entre *realitas* et *ratio*, un couple conceptuel fondamental dans une des figures de l'*Ars demonstrativa* : la figure représentée par la lettre X. D'une part, la compréhension intellectuelle moyennant la signification (c'est l'affaire de la *ratio*); d'une autre part, le réel extra-mental, la *realitas*. Ces sont les deux pôles qui marquent les limites où se joue l'épistémologie lullienne avec le concours d'une théorie du signe.

Lulle les définit ainsi :

> La réalité est l'étant qui est, et la raison est la lumière par laquelle les actes des puissances de l'âme rationnelle reçoivent les objets, parfois d'accord avec la réalité, parfois pas, c'est-à-dire, sur le mode de la concordance ou de la contrariété entre le sensible et l'intelligible ; et puisque la réalité est inaltérable, mais la raison est changeante, la première convient avec la majorité, et la seconde avec la minorité[1].

Le couple « *potentia-objectum* » apparaît aussi dans cette définition. C'est le second couple déterminant dans la théorie de la connaissance lulienne. Les puissances reçoivent les objets avec le concours de la raison, parfois en accord avec la réalité (s'il y a une concordance entre sensible et intelligible), parfois en désaccord (si la relation sensible-intelligible est de contrariété)[2]. Dans une autre œuvre, associée à la *Lectura super figuras Artis demonstrativae*, le *Liber propositionum secundum Artem demonstrativam*, on lit : « La raison est la lumière qui permet de connaître la réalité des choses ». La réalité, en tant que « *id quod est* », est indépendante et

---

1. *Lectura super figuras Artis demonstrativae*, MOG III, IV, p. 22 (p. 226) : « Realitas est illud ens, quod est, ratio vero est lumen, per quod E. I. N. R. [*c'est à dire, les actes des puissances de l'âme rationnelle*] objecta accipiunt, quandoque secundum realitatem, quandoque non, scilicet per modum concordantiae vel contrarietatis sensualis et intellectualis, et quoniam realitas est inalterabilis, ratio vero variabilis, convenit realitas majoritati, sed ratio minoritati ».
2. Postérieurement, Lulle va compléter le couple « potentia-obiectum » avec le terme « actus », défini comme l'opération qui provient de la puissance et de l'objet. Lulle va écrire aux environs de 1295 toute une œuvre à propos de ce thème : le *Liber de potentia, obiecto et actu*. Voir N. Gómez Llauger, « Síntesi del contingut del *Liber de potentia, obiecto et actu* de Ramon Llull », *Faventia* 29/1-2 (2007), p. 107-119.

supérieure à la « *ratio* ». Ainsi, « Tout étant est plus grand dans la réalité que dans la raison »[1].

Cette réalité a une double nature : une nature sensitive et une nature intellective. Lulle utilise les termes « sensible » (« *sensualis* ») et « intellectuel » (« *intellectualis* »). Ces termes ont une importance fondamentale dans la pensée lullienne, et ils sont la clé de voûte qui soutient son discours dans sa première grande œuvre, celle qui prétend être « le meilleur livre du monde » : le *Livre de contemplation en Dieu*. Cette contemplation est une contemplation de la réalité, de la relation entre la réalité créée, tant matérielle qu'immatérielle, et la réalité incréée et éternelle de Dieu créateur. Le secret de la connaissance réside dans la compréhension correcte des modes d'articulation entre ces deux réalités. Pour Lulle, « sensible » signifie « la réalité sensible », qu'on peut percevoir avec les sens. « Intellectuel » signifie par contre, du point de vue épistémologique, « intelligible », une réalité cachée aux sens mais intelligible par l'entendement. Du point de vue ontologique, « intellectuel » est aussi utilisé par Lulle dans le sens de « spirituel ». Ainsi, l'opposition « *sensualitas-intellectualitas* » signifie aussi bien « sensible face à intelligible » que « matériel face à spirituel[2] ».

Il y a une série de règles qui marquent l'articulation entre le sensible-matériel et l'intelligible-spirituel. D'abord, (1) le sensible est inférieur à l'intelligible. Inférieur ontologiquement, c'est clair : son être est mineur. Mais malgré cette position inférieure, (2) les sensibles peuvent être une porte d'accès à la connaissance des intelligibles. Voilà comment[3] :

> Honoré roi de gloire ! Soyez loué, aimé, adoré et obéi, car vous
> avez ordonné que, grâce à la puissance sensitive, l'homme

---

1. *Liber propositionum secundum Artem demonstrativam*, MOG III, VIII, p. 26 (p. 528) : « Ratio est lumen, ut realitas rerum cognoscatur ». « Omne ens majus est in realitate, quam in ratione ».
2. Dans la traduction des citations latines, nous allons maintenir « sensualité » pour « *sensualitas* », car il s'agit d'un terme technique propre à Lulle, dont le signifié pointe vers une nature sensible et matérielle. Par contre, l'adjectif « *sensualis* » sera traduit par « sensible », afin de préciser le sens du mot.
3. Je citerai les passages originaux du *Livre de contemplation* en note de bas de page à partir de l'édition : Ramon Llull, *Obres Essencials*, vol. II, Barcelona, ed. Selecta, 1960. La traduction française est réalisée par moi même.

puisse avoir connaissance des choses intellectuelles ; parce qu'en connaissant les choses senties, les hommes aperçoivent la vérité des choses invisibles. Et cela est possible parce que, bien que vous soyez une essence invisible aux hommes dans ce monde, il n'en reste pas moins qu'ils aient connaissance de votre essence, dans la mesure où ils savent que votre essence est toute puissante, et toute miséricordieuse, et toute juste, et toute vertueuse, et toute bonne, et toute parfaite[1].

On peut acquérir une connaissance de la réalité spirituelle, même de la divinité, grâce aux choses sensibles, parce que celles-ci la reflètent à travers ses *qualités* : si les choses matérielles ont des qualités telles que bonté, pouvoir, justice, etc. (elles sont bonnes, justes, puissantes…), alors on peut extraire de ces qualités des significations intellectuelles des qualités divines[2].

Mais la réalité sensible peut agir soit comme un élément d'impulsion qui aide l'âme rationnelle à connaître des choses cachées, soit au contraire comme un obstacle qui dévie l'âme de la connaissance du réel. Pour qu'elle soit dans la voie correcte, (3) elle doit être subordonnée aux intellectualités, et (4) remplir la fonction d'un miroir qui reflète la réalité telle qu'elle est. Pour faire cela, il faut qu'elle offre à l'entendement *des significations correctes*, et non déformées. Ainsi, tout relève de l'élaboration des règles de la signification. Si on connaît et on suit ces règles, les choses sensibles vont jouer le rôle qui leur correspond dans l'ordination de la réalité. Autrement, elles vont se conduire comme un miroir déformant qui trompe en offrant une image distordue du réel :

> Dieu glorieux, parfait en vertus ! À vous gloire et honneur pour toujours ; car, tout comme le miroir représente et montre la figure ou les figures qui sont en face, ainsi les choses sensibles

1. *Llibre de contemplació en Déu*, chap. 41, § 7 : « Honrat rei de glòria, loat, e amat, e colt e obeït siats vós, qui havets ordonat en home, que per raó de la potència sensitiva venga l'home a coneixença de les coses entel·lectuals, car en ço que los hòmens han coneixença de les coses sentides, aperceben veritat de les coses invisibles ; e açò se fa per ço car, jassia ço que vós siats als hòmens en est món essència invisible, no roman per tot ço que los hòmens no hagen coneixença de vostra essència ; la qual coneixença que n'han, Sènyer, és en ço que saben aquella vostra essència ésser tota poderosa, e tota misericordiosa, e tota dreturera, e tota vertuosa, e tota bona e tota acabada ».
2. On reviendra sur cette idée dans le chapitre ii.

sont échelle et démonstration par lesquelles on monte pour avoir connaissance des choses intellectuelles.

Mais s'il arrive que le miroir est tordu ou n'est pas bien fabriqué, alors il ne peut pas montrer la figure dans sa qualité et sa disposition, et à cause de la distorsion que le miroir a en lui même, il montre faussement la figure avec une autre qualité et une autre image, qui n'appartiennent pas à la figure. Cela peut même arriver aux choses sensibles : car, quand elles sont désordonnées et altérées dans leur disposition et dans leur ordre, alors elles mentent dans la démonstration qu'elles font à l'homme des choses intellectuelles, lesquelles ont une disposition, mais les choses sensibles les démontrent avec une autre disposition différente[1].

La connaissance dans le *Livre de contemplation* se fait à travers une échelle ascendante : une réalité sensible peut signifier une autre réalité sensible (premier échelon); elle peut aussi signifier une intellectualité (deuxième échelon); l'intellectualité peut, à son tour, signifier d'autres intellectualités (troisième échelon). À chaque échelon s'opère une ascension qui implique un effort de l'entendement. Celui-ci peut aussi avoir connaissance des sensibles à travers les significations des choses intelligibles : l'échelle devient ainsi un cercle qui se ferme dans un mouvement descendant. Quand l'entendement est habitué à la connaissance des intellectualités les plus élevées, il peut connaître également le monde matériel par le moyen des significations inverses que les intellectualités offrent des sensibles. Les deux mondes se reflètent ainsi mutuellement :

Et grâce à ce livre, on connaît l'échelle par laquelle on monte l'entendement vers vous en comprenant une sensualité avec une

---

1. *Llibre de contemplació en Déu*, chap. 169, § 1-2 : « Déus gloriós acabat en vertuts! A vós, Sènyer, sia glòria e honor per tots temps, car enaixí com lo mirall representa e demostra la figura o figures estants en la sua presència, enaixí les coses sensuals són escala e demostració per les quals puja hom a haver coneixença de les coses intel·lectuals. Mas com s'esdevé, Sènyer, que lo mirall és tort e de mala disposició, adoncs no ha endreçament en si mateix com pusca demostrar la figura segons la qualitat ni la disposició d'ella, e per la tortea que·l mirall ha en si mateix demostra mintent la figura en altra qualitat e en altre afigurament segons lo qual no és la figura. On, en semblant manera s'esdevé, Sènyer, de les coses sensuals ; car com elles són desordonades e destorbades en lur disposició e ordonació, adoncs menten en la demostració que donen a home de les coses intellectuals, les quals són en una disposició e les sensualitats les demostren en altra ».

autre sensualité, et une intellectualité au moyen d'une sensualité, et une intellectualité au moyen d'une autre intellectualité, et une sensualité au moyen d'une ou plusieurs intellectualités[1].

Dans le chapitre 170, qui montre comment l'entendement aperçoit des signifiés intellectuels à partir d'autres signifiés également intellectuels, on dit qu'il peut prendre les signifiés de l'âme rationnelle, donc des signifiés intellectuels, pour comprendre la trinité. L'argumentation a une racine augustinienne : en effet, la propriété par laquelle l'âme humaine se souvient des choses engendre la propriété par laquelle elle comprend les choses, et ces deux propriétés donnent lieu à la volonté (§ 18). Il y a là une signification intellectuelle de la trinité que l'âme rationnelle, tournée vers elle même, peut apercevoir. Mais Lulle est contraint d'exprimer ce processus purement intellectuel avec des mots, et alors il faut à nouveau faire place au sensible. Si l'on veut communiquer l'expérience intellectuelle des significations spirituelles, le recours au langage est inéluctable. Ici l'avertissement est renouvelé, et Lulle écrit : « mais le mot ne peut pas arriver aussi loin que l'entendement peut le faire, et pour cela le mot manque, car il est sensible [« *és cosa sensual* »] et il ne peut pas signifier ni énoncer aussi bien que l'entendement, qui est une chose intellectuelle, peut apercevoir et comprendre[2] ».

L'expression linguistique, et voici le nœud du problème, est une réalité sensible, mais qui signifie intellectuellement. Le son peut devenir alors une *vox significativa* :

Quand l'homme entend une voix ou une parole, il peut comprendre quelque chose grâce à cette voix ou parole. Ainsi, Seigneur, l'ouïe est sensible, et le signifié qu'on fait à l'entendement par le moyen de la voix ou de la parole est une chose intellectuelle dans l'entendement de l'homme. En conséquence, d'après la qualité de

1. *Llibre de contemplació en Déu*, chap. 366, § 9 : « E per est llibre és coneguda l'escala per la qual hom puja son enteniment a vós entent una sensualitat ab altra e una entellectuïtat per una sensualitat e una entel·lectuïtat per altra e una sensualitat per una o per més entellectuïtats ».
2. *Llibre de contemplació en Déu*, chap. 170, § 18 : « Mas car paraula no pot a tant bastar com enteniment, per açò defall paraula, qui és cosa sensual e no pot tan bé significar ni pronunciar com enteniment, qui és cosa sensual, pot apercebre ni entendre ».

la chose sensible, on aperçoit, dans ce signifié, la qualité de la chose intellectuelle[1].

Ce qui importe est, dans tous les cas, la signification intellectuelle, pas la matérialité du son, qui est inférieure. C'est pour cela que la rhétorique lullienne ne tient pas compte de la sonorité des mots, mais des signifiés[2]. L'intelligible est toujours supérieur au sensible, nous l'avons déjà dit. Alors, la relation entre les mots (soit vocaux, et donc entendus ; soit écrits, et donc lus) et les signifiés qu'ils transmettent est de la même nature que la relation existant entre n'importe quelles autres réalités sensibles et intelligibles. Tout le chapitre 155 est dédié à ce rapport problématique entre l'entendement et la parole, conçu comme un autre épisode de la relation « sensible-intellectuel », qui est le thème central de cette partie de l'œuvre. La parole (ici toujours conçue comme *dictio* sensible, pas comme concept ou *verbum mentale*) est nécessaire ; mais Lulle montre à son égard une certaine méfiance, au moins dans le *Livre de contemplation*. En effet, comme il dit dans ce chapitre 155 :

> Comme la parole est une diction entendue et l'entendement est une chose intellectuelle, alors, Seigneur, l'entendement est beaucoup plus noble créature que la parole ; et de la même façon que l'entendement est plus noble chose que la parole, il est aussi de meilleure œuvre et de majeur profit[3].

1. *Llibre de contemplació en Déu*, chap. 169, § 4 : « Com home és oent alcuna vou o alcuna paraula, per aquella vou o paraula que hom ou és l'home certificat a entendre alcuna cosa per aquella veu o paraula. On, l'oïment, Sènyer, és sensual e lo significat qui és fet a l'enteniment de l'home per la vou o per la paraula, aquell és en l'enteniment de l'home cosa intel·lectual. On, segons que és la qualitat de la sensualitat, és apercebut en aquell significat la qualitat de la intel·lectualitat ».

2. C'est l'idée centrale du traité *Rhetorica noua* (ROL XXX). Voir à cet égard l'étude de J. Rubió i Balaguer, « La *Rhetorica nova* de Ramon Llull », *Estudios Lulianos* 3 (1959), p. 5-20 et 263-274 (réimprimée dans Id., *Ramon Llull i el lul.lisme*, Barcelona, Publicacions de l'Abadia de Montserrat, 1985, p. 202-233), et l'introduction à Ramon Llull, *Retòrica nova*, éd. J. Batalla, L. Cabré, M. Ortín, Turnhout-Santa Coloma de Queralt, Brepols-Obrador Edèndum, 2006 (« Traducció de l'Obra Llatina de Ramon Llull », vol. I).

3. *Llibre de contemplació en Déu*, chap. 155, § 1 : « Com paraula sia dicció sentida e enteniment sia cosa intel·lectual, per açò, Sènyer, és molt pus noble creatura eteniment que paraula ; e aitant com enteniment és pus noble cosa que paraula, aitant més és de mellor obra e de major profit enteniment que paraula ».

Les mots peuvent aider l'entendement, mais à condition de rester toujours subordonnés à son pouvoir, à « le suivre » ; et, en cas de contrariété entre la parole et l'entendement, c'est à ce dernier de manifester la vérité. Il arrive en effet parfois que le langage dise une chose et que l'entendement comprenne une autre chose tout à fait différente. Lulle dit : « car plusieurs fois il arrive que l'entendement comprend une chose et la parole signifie une autre chose contraire à la vérité que l'entendement comprend[1] ». Dans le *Livre de contemplation*, les exemples se multiplient quand on a affaire à de hautes réalités spirituelles comme la trinité ou la prédestination. Alors le danger de la fausse signification monte, et le signe linguistique agit comme un miroir déformé qui montre dans sa surface une image distordue de l'objet extérieur. Le résultat est que la raison ne s'accorde pas avec la réalité de l'objet. L'entendement doit redresser la signification imparfaite en transcendant les significations du sensible pour se déplacer dans le domaine des significations purement intellectuelles. Prenons l'exemple suivant, tiré du chapitre 246 du *Livre de contemplation* (§ 25-27). On cherche des significations qui offrent une connaissance de la trinité, et on dit avec des mots (recours nécessaire au sensible qui signifie) que le Père est une chose substantielle et parfaite, et il en va de même pour le Fils et pour le saint Esprit (§ 25). Chaque Personne est donc et substance et Dieu (§ 26). L'expression sensible arrive à ses limites et elle n'ose pas continuer le discours, car l'entendement comprend ici une fausse signification : il y a trois dieux. À l'entendement de prendre la part de vérité qui se trouve dans la fausse signification et de rejeter le reste, opération qui implique un *transcensus* moyennant lequel l'entendement monte au dessus des significations sensibles et prend seulement les intellectuelles, parce qu'il existe également des signes intellectuels dépourvus de l'élément sensitif.

---

1. *Llibre de contemplació en Déu*, chap. 155, § 5 : « Car moltes vegades s'esdevé que enteniment entén una cosa, e paraula ne significa altra contrària a la veritat que l'enteniment entén ».

L'assujettissement aux mots est inévitable. Il est question de leur donner le juste crédit et d'être toujours attentif à leurs significations pour y distinguer celles qui sont vraies de celles qui sont fausses. Et, en outre, de s'en servir jusqu'à la limite de ce qu'on peut dire. L'entendement peut alors monter plus haut, s'en défaire, et acquérir des significations purement intellectuelles. Mais il reste toujours la question de la communication de ce savoir acquis : la descente au recours sensible, au signe matériel, est à nouveau nécessaire. Raymond Lulle comprend bien les arguments abstraits à propos de la trinité ; comment les présenter avec des mots qui ne trahissent pas l'expérience intellectuelle qui est la spéculation artistique, c'est-à-dire, la contemplation intellectuelle moyennant la méthode de l'Art de trouver la vérité ? Il faut communiquer aux infidèles cette vérité. Dans la dispute aussi il faut recourir aux mots, mais l'idéal serait une dispute dont le développement consisterait en un échange de signifiés intellectuels au-delà des obstacles posés par les dictions verbales. Ces obstacles sont de nature diverse et pointent surtout vers le danger de l'ambiguïté, qui est inhérente aux énoncés verbaux, alors que l'entendement ne supporte aucune ambiguïté :

> Quand l'homme, Seigneur, dispute au moyen des signifiés de parole, il n'est pas aussi disposé à trouver la vérité que quand il dispute au moyen des signifiés compris par l'entendement ; parce que dans la diction il y a souvent un double signifié, soit il peut manquer une lettre, soit il y en a une en trop. C'est pour cela que l'homme est souvent trompé quand il dispute au moyen de la parole, car celle-ci a un double signifié, ou change son signifié. Mais cela n'arrive pas à l'entendement, parce qu'il n'a pas de doubles signifiés contraires, à différence de la parole[1].

---

1. *Llibre de contemplació en Déu*, chap. 155, § 17 : « Com home, Sènyer, s'esputa per significats de paraula, no s'aparella tan bé a trobar veritat com fa com s'esputa per significats enteses en l'enteniment ; car en la dicció ha moltes de vegades doble enteniment, on fallirà alcuna letra o hi serà afita. On, per açò és hom torbat a vegades com per paraula s'esputa, pus que paraula ha doble significat o·s muda en altre significat. Mas d'enteniment, Sènyer, no és així, car enteniment no ha dobles significats contraris, així com paraula ».

LES « FIGURES SENSIBLES » DES LETTRES :
L'ORIGINE DE LA NOTATION SYMBOLIQUE DE L'*ARS*

Le problème n'est pas facile à résoudre. Il y a pourtant un élément vers la fin du *Livre de contemplation* qui peut nous indiquer le chemin que Lulle voulait entreprendre. Il s'agit d'un élément très important dans le développement de la méthode de l'*Ars* qui suivra cette œuvre. On y a attaché l'attention qu'il mérite, mais peut-être pas encore dans le sens où nous le prenons ici : nous parlons du recours aux lettres de l'alphabet. La substitution des mots par des lettres dans le *Livre de contemplation* est le début d'une formalisation quasi-algébrique qui va modeler le discours des premières versions de l'*Ars*. On dit souvent que la raison de ce recours aux lettres est de rendre plus facile la combinatoire des principes. Cela se peut, mais ce n'est pas le motif principal qui est à l'origine de cet usage, puisque dans les chapitres du *Livre de contemplation* où l'on a recours aux lettres la combinatoire ne joue aucun rôle central. Les lettres font simplement présence dans le discours en l'alourdissant et en exigeant du lecteur une attention supplémentaire difficile à justifier du point de vue d'un récepteur actuel, qui ne comprend pas la raison d'une telle complication[1].

Mais l'intention de Lulle est toute autre qu'ajouter un surplus de difficulté de compréhension aux raisonnements déjà complexes. Bien sûr, il affirme la complication croissante du texte à mesure que le livre avance vers la fin ; mais cette complication est un élément survenu dans les chapitres qui ont recours aux lettres. L'intention première est, par contre, de faciliter une compréhension plus rapide de l'argumentation ! C'est bien étonnant, car le lecteur doit interrompre la lecture plusieurs fois à chaque ligne pour jeter un

---

1. Voyons un petit exemple tiré du chapitre 344 : « Alors, pendant que la M reçoit ce que la B lui démontre de l'A, la M se tourne à recevoir ce que la D démontre de la C, et la F de l'E… » *Llibre de contemplació en Déu*, chap. 344, § 4. Au début du chapitre on place une table d'équivalences entre douze lettres et leurs termes correspondants – ici on a affaire à sept d'entre eux : A = Jésus-Christ ; B = La signification d'A ; C = Le corps de l'homme ; D = La signification de C ; E = L'âme ; F = La signification d'E ; M = L'entendement.

regard sur la table des équivalences entre les lettres et les concepts, sans laquelle on ne saurait jamais comprendre le discours[1].

Comment donc se peut-il que les lettres aident l'entendement à opérer plus vite ? Raymond Lulle exprime la justification suivante :

> La raison finale pour laquelle on peut mieux déterminer cet art avec des figures sensibles [*i.e.*, *des lettres*] que sans figures, c'est parce que l'entendement par nature comprend mieux avec des mots brefs suffisants à la compréhension qu'avec de longs mots. Or, car on dit plus brièvement une lettre que « incarnation » ou « trinité », c'est pour cela que l'entendement tout de suite, quand il a reçu une diction brève, se meut rapidement à comprendre les choses les unes par les autres, et quand les dictions sont longues, l'entendement ne peut pas se mouvoir aussi vite ni autant de fois qu'il le fait avec de brèves dictions et de brefs mots, pour comprendre une chose à partir d'une autre chose[2].

Au cœur de cette justification réside le souci d'une expression linguistique épurée au maximum des traits sensibles et le besoin d'inventer un langage qui puisse résoudre les ambiguïtés, les erreurs de signification inhérentes à l'expression sensible d'un contenu intellectuel. Un langage qui s'approche de l'intellectualité pure, un

1. Les frères Careras y Artau ont décrit en détail ce curieux usage des lettres dans le *Livre de contemplation*. Ils en arrivent à affirmer : « Lulle s'élance dans l'exercice de cet art algébrique avec une telle frénésie, qu'il devient difficile de le suivre. L'esprit du lecteur le plus attentif ou le mieux disposé se sent vite vaincu par la fatigue et le vertige ». T. et J. Carreras y Artau, *Historia de la filosofía española. filosofía cristiana de los siglos XIII al XV*, vol. I, Madrid, Real Academia de Ciencias Exactas, Físicas y Naturales, 1939, p. 360. Ils ont aussi remarqué l'usage de ce même recours algébrique dans l'œuvre qui ouvre le catalogue de Lulle : le *Compendium logicae Algazelis*. En effet, dans la part finale de ce traité scolaire de logique, Lulle utilise quatre lettres (a, b, c et d) pour représenter les termes des propositions. Nous croyons que ce recours a pour finalité, tout comme dans le *Livre de contemplation*, de favoriser la démarche de l'entendement en réduisant les termes à une expression minimale. Voir à la suite l'explication de Lulle dans le même *Livre de contemplation* : les lettres font opérer l'entendement « plus vite ».

2. *Llibre de contemplació en Déu*, chap. 335, § 30 : « Ordonador Senyor, la final raó per què aquesta art mills se pot determenar per figures sensuals que no faria sens les figures, sí és, Sènyer, per ço car natura d'enteniment és que mills entén per breus paraules qui abasten a ella a entendre per elles que per longues. On, com pus breument és dita una letra que no és encarnació o trinitat e aixi de les altres coses, per açò l'enteniment encontinent que ha reebut per breu dicció e oració se muda ivaçosament a entendre les unes coses per les altres, e com les diccions e les oracions són longues, no·s pot l'enteniment mudar tan ivaçosament ni tantes de vegades dintre cert terme d'una cosa a altra a entendre, com fa per breus diccions e paraules ».

signe qui communique immédiatement le concept à l'entendement du récepteur, tout en faisant gagner le maximum de temps dans le processus de décodage et, surtout, qui soit précis dans son signifié. Ainsi donc, avec l'usage des lettres l'entendement doit agir plus vite. Cet usage a aussi l'avantage d'être un langage commun et, pour cela, facilement communicable, car il n'y a pas besoin de traduction quelconque : dans l'*Ars* la lettre A peut bien signifier le concept de Dieu selon la considération qu'en a un lecteur monothéiste, le Dieu de l'*Ars*, le Dieu sur lequel sont d'accord les trois sages du *Livre du Gentil*. Ainsi, la première version de la méthode lullienne, l'*Ars compendiosa inveniendi veritatem*, commence l'exposition des principes et des figures avec la phrase : « A ponimus, quod sit noster Dominus Deus; cui A attribuimus sedecim Virtutes[1] ». Cette lettre A ne se « traduit » pas par le mot « Dieu », ni « *Theos* », ni « *Allah* »; elle ne signifie pas le mot « *Deus* », qui aurait à nouveau besoin de traduction dans une autre langue. Elle signifie directement un concept intérieur.

Toutes les significations de Dieu devraient être éveillées automatiquement chez celui qui connaît l'*Ars* quand il voit la lettre A. Parce que les vrais « noms de Dieu » ne sont pas ces mots que les peuples utilisent pour le nommer dans leurs langues respectives : les noms de Dieu sont ses « Dignités » ou « Vertus », selon le terme usé par Lulle, représentées dans la figure A[2]. Dans le *Liber de praedicatione* (1304), Lulle fait une distinction entre le « *nomen vocale* » et le « *nomen reale* » :

> Nous prenons en considération le nom de Dieu sur deux modes, à savoir le nom vocal et le nom réel.
> Le nom vocal correspond à « Deus », ainsi nommé chez les Latins, et nommé « o Theos » chez les Grecs, et « Adonaï » par les Juifs, et « Allah » par les Sarrasins. Tous ces noms sont des voix inventées et forgées par convention (*ad placitum*).
> Mais le nom réel de Dieu est : « l'étant nécessaire », parce que Dieu est l'étant nécessaire, en ce qu'il est infini et éternel, et autrement il ne saurait exister[3].

---

1. *Ars compendiosa inveniendi veritatem*, MOG I, VII, p. 2 (p. 434).
2. Voir la figure dans les illustrations, p. 86.
3. *Liber de praedicatione*, éd. A. Soria Flores, ROL IV, Palma de Mallorca, 1963, p. 409 : « Nomen Dei duobus modis intelligimus, scilicet nomen vocale et nomen reale. Nomen vocale est sicut "Deus", sic per Latinos nominatus; et apud Graecos "o Theos"

Face au « *nomen vocale* », accordé par une tradition culturelle, il y a le « *nomen reale* », identifié avec le concept unitaire signifié par tous ces « *nomina vocalia* » conventionnels[1]. L'attribution d'une lettre de l'alphabet comme « A » au concept de Dieu est, bien sûr, également conventionnelle : mais de cette façon l'« entendement doit opérer plus vite », parce qu'il reçoit directement le contenu du « *nomen reale* » sans s'égarer dans de possibles fausses significations issues de la charge culturelle qui adhère au « *nomen vocale* » propre à chaque langue.

Cela est, à notre avis, une des motivations qui peut avoir stimulé l'apparition dans la part finale du *Livre de contemplation* de ce recours aux lettres, et sa continuité dans les premières versions de l'*Ars*, notamment dans l'*Ars compendiosa inveniendi veritatem* et l'*Ars demonstrativa*, à savoir l'effort de Lulle pour résoudre les problèmes posés par le langage en tant que moyen sensible nécessaire à la communication des contenus intelligibles[2].

nominatur; et nominatur "Adonai" a Iudaeis et "Alla" ad ipsis Saracenis. Ista nomina sunt in voce ad placitum picta atque ficta. Nomen vero reale Dei est : Ens necessarium. Quoniam Deus est ens necessarium, quia ipse est infinitus et aeternus, et aliter nullatenus potest esse ». Immédiatement ensuite, Lulle va exposer sa conception « *de nominibus Dei* » à partir des Dignités divines et des termes corrélatifs : « Dieu est infiniment bon, grand, éternel, puissant, intelligent et aimant de façon nécessaire. Ces noms s'accordent avec le Dieu infini, et cela en raison de son infinité. De ces noms proviennent des noms relatifs nécessaires, parce que ce même Dieu ne pourrait pas être infiniment bon, infiniment grand et éternel, etc. sans un bonifiant infini, un bonifié infini et un bonifier infini, et sans un magnifiant infini, un magnifié infini et un magnifier infini... » (*Ibid.*, p. 410 : « Deus est infinite bonus, magnus, aeternus, potens, intelligens, atque amans necessario. Talia nomina Deo competunt infinito, et hoc ratione suae infinitatis. De talibus nominibus exeunt necessaria nomina relativa; quoniam ipse Deus non posset esse infinite bonus, infinite magnus et aeternus, et sic de aliis suo modo, sine infinito bonificante, infinito bonificato et infinito bonificare, et sine infinito magnificante, infinito magnificato et magnificare infinito... »). Enfin, on voit comment Lulle utilise ces « noms réels » pour définir un Dieu trinitaire, car l'infinité de l'agence intrinsèque des Dignités, représentée par les corrélatifs (agent, patient et acte : « infinito bonificante, infinito bonificato et infinito bonificare etc. ») aboutit à l'existence nécessaire de trois personnes différenciées dans l'essence divine.

1. Ce « *nomen reale* » peut être mis en relation avec la considération anselmienne des « *uerba naturalia* », qui sont les mêmes « apud omnes gentes » (*Monologion*, chap. 10). Voir B. Hurand, « La *locutio mentis*, une version anselmienne du verbe intérieur », dans J. Biard (éd.), *Le langage mental du Moyen Âge à l'âge classique*, Louvain, Peeters, 2009, p. 29-43.

2. Pour l'utilisation lullienne des lettres et son évolution vers une complexe notation symbolique, ainsi que pour le modèle grammaticale sous-jacent dans ce recours, voir J. E. Rubio, « *Ut sub brevibus multa possit capere* : La notación alfabética en el *Ars* de Ramon Llull », *Historia Religionum* 6 (2014), p. 97-110.

La vitesse de compréhension que Lulle attend de l'entendement qui utilise les lettres est à rapprocher de l'instantanéité de la communication directe d'entendement à entendement, d'une conception intérieure à une autre conception intérieure sans passer par la médiation sensible de l'*affatus*. Cette possibilité reste réservée aux anges[1]. Mais une sorte d'affinage du moyen sensible – et là le jeu des lettres trouve sa place – devrait quand même rendre plus facile et plus sûre la démarche expressive résultant du bras de fer constant chez Lulle entre le langage et la raison.

LA RECHERCHE DE NOUVELLES FORMES EXPRESSIVES : LA CRÉATION LEXIQUE ET LE TRANSFERT DE SENS

Les développements dans ces deux versions de l'*Ars* (*Ars compendiosa inveniendi veritatem* et *Ars demonstrativa*), antérieures aux changements structurels subis par l'*Ars inventiva veritatis* (1290), sont dominés par les lettres. À partir de l'*Ars inventiva veritatis* le rôle des lettres remplaçant les principes continue, mais sous une forme affaiblie. Elles n'apparaissent plus dans le développement du texte, mais dans les figures, pour faciliter la combinatoire des principes. Mais ce souci lullien pour une

---

1. Lulle dédie un traité spécifique à la question : le *Liber de locutione angelorum*, (ROL XVI). On n'y trouvera pas, cependant, une réflexion autour de la nature du langage angélique ni un apport aux questions débattues par ses contemporains ; il s'agit plutôt de la mise en scène d'un dialogue entre les archanges Gabriel et Michel, dont le fond est une critique aux doctrines averroïstes. Mais Lulle va se référer à la *locutio angelica* comme une forme de langage mental dans une autre œuvre antérieure, écrite entre 1276 et 1283 : le *Llibre dels àngels* (ORL XXI, p. 305-375). Faute d'une étude du texte en relation avec la problématique du langage intérieur et de la connaissance angélique, bien présente dans la théologie contemporaine à Lulle, on peut dire que celui-ci suit un modèle visuel-spéculaire, clairement présenté dans d'autres œuvres comme l'*Ars mystica theologiae et philosophiae* : « De la même façon que de la confrontation de la chose reflétée et du miroir, quand ils sont convenablement placés face à face, résulte une image sensible pour la vue, de même de la présence mutuelle des anges résulte une locution, mais totalement dépourvue de son » (ROL V, p. 409 : « Sicut ex re speculabili et speculo, sibi debite ad inuicem assistentibus, resultat imago uisui sensibilis, sic ex conspectibus angelorum ad inuicem resultat elocutio, a sono penitus segregata »). Pour le traitement de la question, voir I. Rosier-Catach, « Une forme particulière de langage mental, la *locutio angelica*, selon Gilles de Rome et ses contemporains », dans J. Biard (éd.), *Le langage mental du Moyen Âge à l'âge classique, op. cit.*, p. 61-93.

expression verbale qui surmonte les difficultés inhérentes à la relation toujours problématique entre sensualités et intellectualités est néanmoins encore vif.

Lulle va essayer des solutions nouvelles. Par exemple, la création lexicale, les « mots étranges », si caractéristiques de son style. Il va « inventer » des mots par dérivation afin d'exprimer l'essence corrélative des principes de son *Ars*[1]. Ainsi, chaque principe se déploie dans un ternaire corrélatif qui exprime l'action, la passion et l'acte propre à toute essence. La « *bonitas* », par exemple, a les corrélatifs essentiels « *bonificativum* », « *bonificabile* » et « *bonificare* », sans lesquelles elle ne saurait être « *bonitas* » ; la « *magnitudo* », à son tour, le « *magnificativum* », le « *magnificabile* » et le « *magnificare* », etc. Le mécanisme de suffixation permet d'exprimer cette structure corrélative de l'être, mais oblige à « forcer » la morphologie latine, pas aussi ductile que l'arabe. C'est ainsi que Lulle va s'excuser sur son « mode arabique de parler » dans le *Compendium seu commentum Artis demonstrativae*, un commentaire de son *Ars* lu à l'Université de Paris en l'année 1289[2].

L'exposition à Paris de son *Ars demonstrativa*, avec les difficultés de compréhension qu'elle a éveillées, oblige à une révision des formes expressives. Surtout, au fur et à mesure que l'*Ars* avance et incorpore des nouveautés, Lulle doit affronter le problème posé par la manque de mots capables d'exprimer les signifiés intellectuels qu'il veut communiquer. Autour de l'année 1290, précisément quand il est en train de façonner une nouvelle version de sa méthode qui devrait surmonter les difficultés de compréhension présentes dans les versions antérieures, cette problématique communicative semble s'accroître. Lulle va réécrire son *Ars* à partir de deux textes complémentaires : l'*Ars inventiva veritatis* et l'*Ars amativa boni*, tous les deux écrits à Montpellier en 1290. Dans le prologue du deuxième on lit cette intéressante remarque :

1. On vient de voir un exemple de cette terminologie dans la citation du *Liber de praedicatione*. L'étude la plus complète de l'origine et de l'évolution de la théorie des corrélatifs dans Lulle est toujours J. Gayà, *La teoría luliana de los correlativos*, Palma de Mallorca, 1979.
2. *Compendium seu commentum Artis demonstrativae*, MOG III, VI, p. 160 (p. 452).

Comme cette aimance (*amantia*) est très excellente, en ce qu'elle a pour fondement des principes premiers et de nature supérieure, il convient, contrairement à ce qui est habituel, d'utiliser certains mots latins dans sa version en vulgaire, et encore parce que l'intellect saisit plus de la réalité desdits principes qu'il n'y a de voix signifiantes par institution (*impositae voces*). Il nous faut donc parfois inventer certains mots pour désigner cette réalité-là et garder l'habit de l'esprit avec des énoncés peu communs, parce que sans cela nous ne pouvons pas exaucer cette aimance au degré de bonté qui lui convient, ni arriver au but désiré, car on ne peut pas révéler en paroles ces réalités-là qu'il faut aimer en les comprenant[1].

Le problème de l'ineffabilité, inhérent à toute expérience mystique, croise ici et se confond avec le besoin d'une expression sensible appropriée aux signifiés intellectuels, déjà éprouvé dès le *Livre de contemplation*. Les signifiés seront toujours quantitativement plus nombreux que les mots disponibles dans le vocabulaire d'une langue naturelle. Dans le prologue de l'*Ars inventiva veritatis*, on va poser à nouveau cette problématique, de façon encore plus vive. Lulle va présenter les trois éléments qui configurent le dénommé « triangle sémiotique » (choses, signifiés intellectuels, mots) dans une gradation qui exprime à nouveau la primauté de la réalité, beaucoup plus complexe pour un réaliste extrême comme lui que la « ratio », et encore plus riche que le dépôt des signes matériaux que la langue peut utiliser :

Et parce que les existences et les opérations des choses qu'on prend en considération sont plus fortes et nombreuses en soi que leurs similitudes dans l'intellect, et ces similitudes sont majeures et plus vastes que leurs signifiés dans le discours, il y a donc une

1. *Ars amatiua boni*, éd. M. Romano, ROL XXIX (Corpus Christianorum-Continuatio Mediaeualis CLXXXIII), Turnhout, Brepols, 2004, p. 122-123 : « Cum haec amantia sit excellens ualde, quia de principiis excellentissimis naturae et primis consistit, ea posita in uulgari, aliquibus latinis uocabulis, praeter uulgaris consuetudinem, oportet uti, necnon etiam quia plura realitatis praedictorum principiorum attingit intellectus, quam sint impositae uoces. Ad ea denotandum, uerba quidem aliquando fingere nos oportet et inusitatis sermonibus mentis habitum reseruare, quoniam praeter ista hanc amantiam ad illum bonitatis gradum, qui competit illi, extollere non possemus nec ad optatum peruenire propositum, cum ipsae realitates, quas intelligendo diligi necesse est, non possent uerbotenus reuelari ».

grande distance des signifiés aux choses correspondantes. En conséquence, il nous faut inventer des mots, quoique par défaut de signifiés, et par nécessité produire parfois des mots inusités pour subvenir aux besoins de l'*Ars*, comme on le verra après.

Ainsi, afin d'exprimer les signifiés majeurs et de raccourcir la distance à leurs choses, nous transférons parfois le sens des mots, et le signifié qui est propre à une chose, nous l'attribuons à une autre pour des raisons d'expressivité (*propter expressionem maioris sententiae*), comme on le verra après[1]. Par exemple, quand on dit « la bonté bonifie », « la grandeur magnifie », etc. ; car en ce cas "bonifier", qui est propre à un suppôt bon, nous l'attribuons à la bonté par laquelle ce suppôt bon bonifie, afin d'exprimer avec plus de force que ce qui est bon bonifie grâce à sa bonté, et que ce qui est grand magnifie grâce à sa grandeur, de la même façon que quand on dit : « la fin meut l'efficient vers le bien » on veut signifier que l'efficient se met à bonifier à cause d'une fin bonne[2].

---

1. Lulle invoque ici l'*expressio sententiae* pour justifier le transfert de sens. Le recours à l'expressivité sémantique sert chez les grammairiens à expliquer les énoncés incorrects sur le plan grammatical qui sont choisis par le locuteur pour exprimer ce qu'il veut dire au mieux (« ad maiorem expressionem sententiae »). Notamment, les théologiens du XIIIᵉ siècle invoquaient ce recours à propos des formules sacramentales. La source est un passage de Priscien (*Institutiones*, XVIII, 86), qui explique que le nominatif du pronom est sous-entendu dans les énoncés du type « lego » (donc il n'est nullement déficient, bien que le suppôt « ego » ne soit pas vocalement exprimé). Voir I. Rosier, *La parole comme acte. Sur la grammaire et la sémantique au XIII e siècle*, Paris, Vrin, 1994, p. 44-45, ainsi que pour la justification « ad maiorem expressionem sententiae », chez Roger Bacon, d'autres phénomènes traités de manière éparse chez Priscien. Ce qui est intéressant de remarquer est l'utilisation lullienne de la même formule, mais subtilement modifiée, pour rendre compte de la nécessité d'exprimer des signifiés élevés, ceux de son *Ars*, référés à la démonstration de la foi : ce n'est pas proprement pour *exprimer mieux* un contenu (propter *maiorem expressionem* sententiae), mais pour exprimer des *contenus plus élevés*, ceux de la réalité divine (propter expressionem *maioris sententiae*).

2. *Ars inuentiva ueritatis*. éd. J. Uscatescu Barrón, ROL XXXVII (Corpus Christianorum-Continuatio Mediaeualis 265), Turnhout, Brepols, 2014, p. 7-8 : « Et quoniam ita est quod existentiae et operationes rerum, de quibus intenditur, vehementiores atque plures sunt in se ipsis quam earum similitudines in intellectu, et ipsae similitudines maiores et ampliores quam in sermonibus earum significata, magna est ergo distantia significatorum a rebus suis. Ea propter de necessitate nos oportet fingere uerba, licet propter significatorum paucitatem et de ui et de necessitate artis aliquotiens inusitata uerba proferre, uelut infra patebit. Et ut etiam maiora significata et minus a rebus suis distantia exprimamus, uerba quandoque transumimus, et, quod est proprium alicui rei, propter expressionem maioris sententiae alteri attribuimus, ut infra patebit. Vt cum dicitur, bonitas bonificat, magnitudo magnificat etc. huiusmodi, quia, quod est proprium suppositi boni, scilicet bonificare, attribuimus bonitati, propter quam ipsum bonum

Ces précisions sont données juste après l'indication que cette nouvelle *Ars*, quoique dérivée directement de l'*Ars demonstrativa*, n'utilisera les lettres que dans les figures, pas dans le discours[1]. En tout cas, avec substitution ou non des principes par des lettres, le problème de la « *magna distantia* » entre les mots et les choses subsiste. Ce que Lulle présente dans le prologue de l'*Ars inventiva veritatis* est une sorte d'adaptation du « triangle sémiotique » du *De interpretatione* d'Aristote, selon lequel il n'y a pas de lien direct entre *res* et *verba* : les mots sont des symboles des concepts, qui sont des passions de l'âme, et ceux-ci, les concepts, sont des ressemblances des choses. L'intention de Lulle est de poser, en des termes connus d'un lecteur universitaire, le problème de la « grande distance » entre les mots et les choses.

Mais le problème que Lulle se pose n'est pas exactement celui de la distance entre *verba* et *res*, mais celui qui naît *propter significatorum paucitatem*, de la limitation expressive des mots, qui ne peuvent exprimer que peu de significations, moins qu'il n'y en a dans les *similitudines rei*, dans les ressemblances intellectuelles des choses. C'est le problème de la « *penuria nominum* », qui a préoccupé nombreux auteurs et qui a justifié la translation des mots vers une signification impropre[2]. C'est pour cela aussi que Lulle

bonificat, ut uehementius exprimamus quod bonum propter bonitatem suam bonificat, et magnum propter magnitudinem suam magnificat, sicut cum dicitur : finis mouet efficientem ad bonum, hoc est dictum : quod eficiens propter finem bonum se mouet ad bonificandum ».

1. Encore dans le prologue de l'*Ars inventiva veritatis* : « Cette *Ars* descend de l'*Ars demonstrativa* et, quoique l'existence de toutes les deux soit une seule et la même, elles opèrent néanmoins de façon différente ; parce que celle-là (l'*Ars demonstrativa*) opère moyennant les termes transcrits en lettres, tandis que celle-ci (l'*Ars inventiva veritatis*) se borne à ses propres termes ou principes (sans les représenter par des lettres). Et il ne lui faut aucune notation alphabétique, à différence de l'*Ars demonstrativa*, afin que ceux qui évitent son alphabet parviennent à saisir les termes ou principes de cette *Ars* à partir de ses signifiés propres ». (*Ibid.*, p. 7 : « *Ars* praesens ab *Arte Demonstratiua* descendit, et licet existentia huius sit illius sit una et eadem, modus tamen earum procedendi est diuersus. Quoniam illa per terminos in litteras redactos procedit, ista uero suis propriis terminis seu principiis contenta est. Nec alia nota litterarum indiget sicut illa, ut, qui *demonstratiuae Artis* euitant alpabetum, terminos seu principia huius artis sub suis propriis significatis attingant »).

2. Parmi lesquels il faut nommer Pierre Abélard qui, à la suite du traitement de la « translatio » par Boèce dans son commentaire sur les *Catégories*, met sous l'« equivocatio » la « translatio » qui a pour origine la pénurie des noms et qui s'effectue par nécessité : I. Rosier, « Évolution des notions d'*equivocatio* et *univocatio* au XIIᵉ siècle »,

avait déjà dit dans le *Livre de contemplation* que l'entendement reçoit plus de signifiés que les mots ne sont capables de lui offrir. Les lettres dans le *Livre de contemplation* pouvaient être un essai pour créer de nouvelles formes significatives, mais cette notation alphabétique, après un essor spectaculaire autour des premières versions de l'*Ars*, va perdre poids, ou tout au moins l'idée d'une *ars notatoria* va être abandonnée en même temps que d'autres moyens se développent, toujours à la poursuite du même but expressif : permettre la communication verbale des signifiés intellectuels qui sont toujours plus riches, *maiores et ampliores*, que les mots dont on dispose. Dans le prologue de l'*Ars inventiua veritatis*, il est fait mention de la création lexicale (« *inusitata uerba proferre* ») dans des termes identiques à ceux du prologue de l'œuvre complémentaire, l'*Ars amativa boni*. Mais également important est la référence à un autre moyen bien connu du langage théologique : l'usage des énoncés au sens impropre, le transfert de sens (« *uerba quandoque transumimus* »), la translation métaphorique que Lulle exemplifie lui même à la fin du passage cité, et qui s'avère spécialement utile quand il s'agit de parler de la réalité divine. Le recours est pleinement justifié quand il est question, comme dans l'*Ars*, de parler sur Dieu, et c'est pour cela que le texte continue de cette façon :

> Et s'il nous faut parler improprement des choses créées, comme nous l'avons déjà dit, c'est avec beaucoup moins de propriété alors que nous pouvons parler de Dieu, parce que si son existence est immense en toutes perfections, qu'est-ce que nos signifiés peuvent exprimer à propos de lui de façon correcte et appropriée[1] ?

dans I. Rosier (éd.), *L'Ambigüité : cinq études historiques*, Lille, Presses Universitaires de Lille, 1988, p. 103-162 (p. 112-113). De même, dans le champ des grammairiens du XIIIᵉ siècle, le trope implique un transfert de signification qui est justifié dans l'*Ars Maior* de Donat par des raisons d'ornement ou « par nécessité » : Id., *La parole comme acte. Sur la grammaire et la sémantique au XIII ᵉ siècle, op. cit.*, p. 140-142.

1. *Ars inventiva veritatis, op. cit.*, p. 8 : « Et si de rebus creatis improprie loqui nos oportet, ut iam dictum est, multo minus igitur de Deo proprie loqui possumus, quia, cum immensa sit in omnibus perfectionibus eius existentia, quid est quod de illo bene et proprie significata nostra repraesentare possint? »). Pour l'importance du transfert du sens dans le langage théologique vid. I. Rosier-Catach, « Prata rident », dans A. de Libera, A. Elamrani-Jamal, A. Galonnier (éd.), *Langage et philosophie. Hommage à Jean Jolivet*, Paris, Vrin, 1997, p. 155-176.

La référence au sens impropre des énoncés va se compléter toute de suite, de façon logique, avec l'appel à l'*intentio significandi* du locuteur :

> Sur tout cela nous supplions dévotement tous ceux qui s'approchent de cette *Ars* ou qui l'étudient, puisqu'ils agissent mus par l'amour de la science, qu'ils fassent attention dans nos énoncés impropres (s'il est le cas que nous y tombions) à la partie la plus certaine, et qu'ils considèrent non pas ce que nous semblons dire, mais ce que nous avons l'intention de dire[1].

Le transfert de sens implique un *intellectus secundus* ou « intellection seconde » de l'énoncé qui serait faux interprété d'après le sens produit par les attributs grammaticaux des mots (l'*intellectus primus* ou « intellection première »). La plupart des auteurs du XIIIe siècle ont spéculé sur cette distinction entre *intellectus primus* et *intellectus secundus*, qui permet de reconduire « *quantum ad intellectum* » les énoncés déviants en ce qu'ils impliquent un certain effort d'interprétation de l'auditeur. Mais si pour un énoncé il est possible de signifier quelque chose de différent de son signifié premier, c'est parce que ce transfert se produit avec une *intention* particulière de la part du locuteur et que celle-ci doit être interprétée par le récepteur. L'*intentio significandi* est donc fondamentale pour l'interprétation de ces énoncés, et il n'est pas fortuit que Lulle l'invoque à la fin du texte que nous venons de citer (« *ad ea [...] que dicere intendimus, condescendant*[2] »).

---

1. *Ars inventiva veritatis, op. cit.*, p. 8-9 : « His autem de rebus deuote supplicamus, accedentibus ad hanc artem seu studentibus in eadem, quatinus ardore scientificae caritatis moti in impropriis dictis nostris, si forte in ea inciderimus, ad partem tutiorem attendant et non ad ea, quae dicere uidemur, sed quae dicere intendimus, condescendant ».

2. Sur la distinction entre *intellectus primus* et *intellectus secundus*, voir C. H. Kneepkens, « Roger Bacon on the double *intellectus* : A note on the Developement of the Theory of *Congruitas* and *Perfectio* in the first half of the thirteenth century », dans P. O. Lewry (éd.), *The rise of British Logic*, Toronto, Pontifical Institut of Mediaeval Studies, 1985, p. 115-143 ; I. Rosier, *La parole comme acte. Sur la grammaire et la sémantique au XIIIe siècle, op. cit.*, p. 46-49. Sur l'importance de la « intentio significandi » dans les énoncés grammaticaux ou sémantiques impropres, voir. I. Rosier, *Ibid.*, p. 137-148. « Tout l'art de l'interprétation consistera à savoir ne pas s'arrêter à ce que disent les mots, lorsque c'est nécessaire » (*Ibid.*, p. 147). Cette phrase peut bien s'appliquer tel quel au souci lullien pour les mots, dès ses premières réflexions dans le *Livre de contemplation* autour des significations intellectuelles cachées dans les « dictiones sensuales ». Ce souci

Cet usage des termes au sens impropre afin d'amplifier leurs significations, invoqué dans l'*Ars inventiva veritatis*, est déjà énoncé par Lulle dans les œuvres immédiatement antérieures, qui préparent le terrain pour les changements qui vont s'opérer dans cette version de l'*Ars*, notamment la disparition de la notation alphabétique. On ne peut donc pas dire que Lulle propose la *translatio* comme une alternative à l'usage des lettres comme signes, car elle est toujours présente dans le discours lullien sur la signification des mots; mais le fait que dans le prologue de l'*Ars inventiva veritatis* on exprime la nécessité de la *translatio* dans le cadre d'un présentation plus large de la nouvelle façon expressive que va prendre la méthode, donc à côté de la justification de la disparition des lettres, fait penser à une promotion de ce mécanisme de la part de Lulle, après la constatation de l'échec de la formalisation notarique comme recours permettant une expression rapide des signifiés intellectuels avec un minimum de support sensible.

Lulle avait même tenté de créer une notation spéciale pour représenter symboliquement l'usage au sens impropre des termes dans son *Introductoria Artis demonstrativae*, avec le résultat d'une complication graphique extrême qui, probablement, est à la base du refus de « ceux qui évitaient l'alphabet[1] ». Le sens impropre tombe sous la considération du principe de la « *concordantia* », un des principes universels de l'*Ars*, afin d'éviter une déviation sémantique trop forte qui ôterait à l'énoncé toute correction : c'est pour cela que Lulle insiste pour dire que les signifiés impropres doivent être concordants avec les propres, et offre même, à la fin de l'œuvre, une liste de termes concordants permettant de prendre, par exemple, le principe de « *finis* » (représenté par la lettre « I ») dans les sens impropres, mais concordants avec lui, de « *conclusio* »,

est en quelque sorte partagé avec d'autres auteurs contemporains, notamment Roger Bacon et Robert Kilwardby. Voir I. Rosier, A. de Libera, « Intention de signifier et engendrement du discours chez Roger Bacon », *Histoire Épistemologie Langage* VIII-2 (1986), p. 63-79.

1. « Quand les termes n'apparaissent pas avec sa signification propre, mais pour signifier un terme concordant, on les reconnaît par une bosse dessinée à côté de la chambre (*i.e.*, *une combinaison de deux termes*) et placée où l'on trouve le terme qui est pris en sens impropre ». *Introductoria Artis demonstrativae*, MOG III, II, p. 26 (p. 80) : « Quando vero termini ponantur non in propriis significationibus, sed pro suo concordanti, cognoscuntur per gibbum in latere camerae positum ex parte illius termini, qui improprie stat ».

« *consequens* » ou « *effectum* », quand ce « I » s'accompagne du signe ajouté représentant le sens impropre (quelque chose comme « ^I »). Bien sûr, l'hypertrophie du recours à la notation que cela implique rend vraiment difficile à atteindre ce qui était le but premier, à savoir un mouvement rapide de l'entendement au moyen de la substitution des principes par les lettres, surtout quand celles-ci se voient surchargées de signes supplémentaires qu'il faut mémoriser.

L'usage de termes pris au sens translaté est donc fondamental pour exprimer des signifiés qui correspondent avec l'intention communicative de l'auteur. Après la disparition de la notation alphabétique, le principe de « concordance » continue à garantir la correction des énoncés pris en un sens impropre, mais en des termes qui sont tout à fait canoniques dans les théories grammaticales du XIIIᵉ siècle. Lulle opère une fois de plus une sorte de « mélange » entre les idées scolaires de son temps et les besoins de son *Ars*, par exemple dans l'application de l'*Ars generalis ultima* à la grammaire. Dans cette dernière version de sa méthode, il insiste spécialement sur le fait que son *Ars* est le fondement des autres sciences ; tout principe d'une science quelconque peut être dérivé des principes *generalissimi* de l'*Ars*. Ceux de la grammaire aussi. Lulle effectue ainsi ce qu'il appelle une « application » de la grammaire à l'*Ars*, moyennant laquelle la *figura* se trouve « implicite » dans les principes universels de « concordance » et de « contrariété » (« *implicatur* », c'est-à-dire, dans l'idiolecte lullien, « elle est susceptible d'être réduite à » ces principes) :

> La figure est implicite dans la définition de la concordance et de la contrariété. Elle est appliquée à la définition de la contrariété parce que, en ce qu'elle est un vice contre la correction grammaticale, elle est contraire à la grammaire. Mais parce que cette figure peut se trouver dans la grammaire pour quelque raison qui lui est inhérente, alors elle s'applique à la définition de concordance ; parce qu'en vertu de cette raison qui l'excuse, la figure est concordante avec la grammaire et s'y trouve : autrement, elle ne serait pas présente dans la grammaire[1].

---

1. Ramon Llull, *Ars generalis ultima*, éd. A. Madre, ROL XIV (Corpus Christianorum-Continuatio Mediaevalis 75), Turnhout, Brepols, 1986, p. 370 : « Figura implicatur in definitione contrarietatis et concordantiae ; definitioni quidem contrarietatis

On a vu donc que la problématique posée dans le prologue de l'*Ars inventiva veritatis*, associée au manque de paroles, au besoin expressif, met en valeur une série de moyens qui sont présents dans les réflexions théoriques sur la grammaire au XIIIᵉ siècle, mais que Lulle envisage de façon éparse et dans leur dimension pratique, et nullement spéculative. Il cherche des instruments expressifs mais n'agit pas en grammairien[1]. Son souci pour le signe et pour la signification dérive de la nécessité d'exprimer les signifiés intellectuels de son *Ars* de façon propre. Il lutte pour corriger les défaillances propres à la nature sensible du signe et pour créer un langage approprié à son message. L'inclusion du langage dans le schéma psychologique des sens doit être considéré à partir de cette problématique.

LA DÉCOUVERTE DE L'*AFFATUS* COMME SIXIÈME SENS

On arrive ainsi à l'*affatus*, un sixième sens qui est le résultat de l'insertion dans la puissance sensitive de la capacité de communication verbale[2]. La « découverte » de l'*affatus* comme un

applicatur. Nam in quantum figura est uitium, factum contra rectam grammaticam, contrariatur grammaticae. Sed quia ipsa figura potest esse in grammatica per aliquam rationem, quam continet in se, ideo definitioni concordantiae applicatur. Nam illa ratione, quam habet figura, concordat cum grammatica, et est posita in grammatica. Aliter non poneretur in ea ». Sur la « raison qui excuse » un énoncé déviant dans le cas des figures, voir I. Rosier, *La parole comme acte. Sur la grammaire et la sémantique au XIIIᵉ siècle*, *op. cit.*, p. 35-36. Lulle semble invoquer, en effet, les distinctions des grammairiens de son temps : « L'analyse des figures, à partir du milieu du XIIIᵉ siècle, se fait de manière canonique : une fois constatée l'incorrection, on juge si l'énoncé est faute (*vitium*) ou figure en considérant s'il y a ou non une *ratio excusans*, une raison qui l'excuse, contraintes métriques, ornement, ou intention de signifier » (*Ibid.*, p. 35).

1. On peut dire, d'accord avec Elena Pistolesi, que le souci lullien pour la grammaire (ne touchant pas en tout cas une spéculation organique comme celle des modistes) répond à un autre épisode d'une philosophie du langage « éparse », dont nous tentons ici de repérer quelques moments. Voir E. Pistolesi, « La grammatica lulliana dal *trivium* all'Arte », *Quaderns d'Italià* 18 (2013), p. 45-64 (p. 61). Pour une présentation de la philosophie du langage lullienne, voir S. Trias Mercant, *Ramon Llull. El pensamiento y la palabra*, Palma de Mallorca, El Tall, 1993 ; J. Tusquets i Terrats, *La filosofia del llenguatge en Ramon Llull*, Barcelona, Balmes, 1993. Pour la présence de la grammaire dans l'œuvre lullienne, voir aussi L. Badia, « A propòsit de la Ramon Llull i la gramàtica », dans Id., *Teoria i pràctica de la literatura en Ramon Llull*, Barcelona, Quaderns Crema, 1992, p. 173-194.

2. Sur l'*affatus* voir notamment J. Dagenais, « Speech as the sixth Sense – Ramon Llull's "Affatus" », dans *Estudis de Llengua, Literatura i Cultura Catalanes*. Actes del Primer Col.loqui d'Estudis Catalans a Nord-Amèrica. Urbana, 30 de març-1 d'abril del 1978, Barcelona, Publicacions de l'Abadia de Montserrat, 1979, p. 157-159 ;

sens, avec toutes les conséquences de cette assignation du langage à
la puissance sensitive, peut être interprétée comme un pas important
vers une solution à la problématique posé dans le prologue de l'*Ars
inventiva veritatis*. Quatre années après l'*Ars inventiva veritatis*,
en 1294, Lulle rédige le *Liber de sexto sensu, i.e., De affatu*. Unie
à la création des « mots nouveaux », « *inusitata verba* », la considération de l'*affatus* comme un sens permet à Lulle, comme le
dit Elena Pistolesi, de « combler cette dichotomie entre contenu
rationel et expression sensible dans laquelle consistait l'anarchie
du langage dénoncée par Saint Augustin et reprise par Lulle dans
le *Livre de contemplation* »[1]. Le problème posé par les mots dans
le *Livre de contemplation*, nous venons de le voir, réside dans
leur nature sensitive qui, en conséquence, doit être contrôlée par
l'intellectualité, doit se conformer à elle pour ne pas offrir des
significations distordues. Si le langage devient un sens comme
l'ouïe, la vue, etc., la partie sensitive du langage sera intégrée
dans un schéma psychologique qui embrasse les facultés sensitive,
imaginative et intellective[2]. Incorporé dans la puissance sensitive,

Id., « Origin and Evolution of Ramon Llull's Theory of Affatus », dans *Actes del
Tercer Col.loqui d'Estudis Catalans a Nord-Amèrica, Toronto, 1982. Estudis en honor
de Josep Roca-Pons*, Barcelona, Publicacions de l'Abadia de Montserrat, 1983, p. 107-
121 ; M. D. Johnston, « "Affatus" : Natural Science as Moral Theology », *Estudios
Lulianos* 30 (1990), p. 3-30, 139-159 ; J. Tusquets i Terrats, « "Lo sisè seny", precursor de
la filosofia lul.liana del llenguatge », *Arxiu de Textos Catalans Antics* 11 (1992), p. 347-
359 ; E. Pistolesi, « "Paraula és imatge de semblança de pensa". Natura, origine e sviluppo
dell'Affatus lulliano », *Studia Lulliana* 36 (1996), p. 3-45 ; Id., « El rerefons de l'"affatus"
lul·lià », dans *Actes de l'Onzè Col.loqui Internacional de Llengua i Literatura Catalanes*.
Palma (Mallorca), 8-12 de setembre del 1997, vol. I, Barcelona, Publicacions de l'Abadia
de Montserrat, 1998, p. 73-92.

1. E. Pistolesi, « "Paraula és imatge de semblança de pensa". Natura, origine e
sviluppo dell'*Affatus* lulliano », *op. cit.*, p. 3-45 ; p. 41 : « colmare quella dicotomia fra
contenuto razionale e espressione sensibile in cui consisteva l'anarchia della parola
denunciata da s. Agostino e da lui ripresa nel *Llibre de contemplació* ».

2. On considère l'*affatus* comme une des propositions les plus originales de Lulle, mais
l'idée de placer le langage dans le registre des sens semble avoir des antécédents, qui sont
repérés par C. Teleanu, *Magister Raymundus Lull. La propédeutique de l'*Ars Raymundi
dans les Facultés de Paris, Paris, Schola Lulliana, 2014, p. 340-341. Notamment, Teleanu
identifie un texte d'Adam le Chartreux, le *Liber de quadripertito exercitio cellae* (1188), où
il est fait mention de l'*affatus* comme un sixième sens, mais dans un contexte allégorique
contemplatif qui ne débouche pas sur des spéculations philosophiques sur le langage.
D'après Johnston, cette découverte d'un sixième sens serait le résultat de la fusion de
doctrines physiologiques et psychologiques scolastiques relatives aux puissances

on explique comment l'*affatus* agit sous les rênes de l'âme rationnelle. Comme le dit Mark D. Johnston :

> Il est à peine surprenant que les *Quaestiones per Artem demonstrativam solubiles* soit une des dernières œuvres où Lulle énonce l'opposition entre discours sensible et discours intellectuel. Peu d'années après, son sixième sens de l'*affatus* va définir un mode de communication qui englobe la sensation et la cognition, parce qu'il agit à deux niveaux distincts (...). Si nous étudions comment l'*affatus* est relié à chaque niveau, on voit clairement que le sixième sens de Lulle organise un système compréhensif de communication interne, entre les facultés des âmes sensitive, imaginative et intellective[1].

Avec ce sixième sens, Lulle veut combler ce qu'il considère un trou dans le schéma classique de la psychologie aristotelicienne. Si les données sensibles deviennent images et concepts intellectuels, Lulle tente de montrer que le chemin contraire implique aussi l'intervention d'un sens, quand il s'agit d'exprimer ces concepts intellectuels à l'extérieur, « *extra* ». La finalité de ce sixième sens est donc de « manifester la conception intérieure de la substance animée et douée de sensation à l'extérieur par le moyen de la voix », et devient ainsi un instrument fondamental pour faire science.

appréhensives et motrices ; il cite, parmi les contemporains de Lulle, Robert Grosseteste, qui dérive cette puissance expressive de l'action combinée du contrôle de la voix de la puissance motrice sensible et de la faculté rationnelle : M. D. Johnston, *The Evangelical Rhetoric of Ramon Llull*, New York-Oxford, Oxford University Press, 1996, p. 66. Voir S. Gieben, « Robert Grosseteste on Preaching, with the Edition of the Sermon *Ex rerum initiatarum* on Redemption », *Collectanea Franciscana* 37 (1967), p. 100-141 ; p. 122. Voir aussi M. D. Johnston, « "Affatus" and the Sources of Llull's Latin Vocabulary », dans *Studia Lullistica et Philologica. Miscellanea in honorem Francisci B. Moll et Michaelis Colom*, Palma de Mallorca, Maioricensis Schola Lullistica, 1990, p. 39-44, où l'on cherche une possible source du mot « *affatus* » dans l'usage des auteurs anciens, notamment chez les stoïciens.

1. M. D. Johnston, « Affatus : Natural Science as Moral Theology (part one) », *Studia Lulliana* 30 (1990), p. 3-30 ; p. 24 : « It his perhaps hardly surprising that the *Quaestiones per Artem demonstrativam solubiles* is one of the last works in which Llull expounds the division of sensual and intellectual speech. Within a few years, his sixth sense of *affatus* would define a mode of communication that embraces both sensation and cognition, because it operates at two separate levels (...). If we examine how *affatus* communicates with each level, it becomes easy to see that Llull's sixth sense organizes a comprehensive system of internal communication among the faculties of the sensitive, imaginative and intellective souls ».

Plus encore que dans le *Liber de affatu*, c'est dans d'autres œuvres comme l'*Arbor Scientiae* ou le *Liber de ascensu et descensu intellectus* que la nature du nouveau sens est décrite en relation étroite avec l'entendement. Ce dernier texte est particulièrement intéressant à cet égard. Lulle y expose le rôle de l'*affatus* dans la connaissance ; un rôle central, parce qu'il se place dans une position critique dans le processus de montée et de descente de l'entendement. Quand celui-ci n'arrive plus à la connaissance d'un objet, il descend à nouveau aux sens, et parmi ceux-ci à l'*affatus*, auquel il « ordonne » d'énoncer une vérité, qu'il reçoit, et qui l'aide dans une nouvelle montée. Par exemple : l'entendement a appris, à partir de l'expérience sensible, que la pierre possède des accidents. Une descente au sens de l'*affatus* (celui-ci toujours accompagné de son corrélat, l'ouïe) est nécessaire pour avancer vers la connaissance du concept de « substance » :

> Tandis que l'intellect appréhende ces accidents de la pierre, il descend à l'*affabile* et à l'*audibile*[1] quand l'*affatus* dit : « Aucun accident n'existe par soi », mais il existe par la substance ; et l'ouïe entend cela. Alors, l'intellect descend et demande si est vrai ce que l'*affatus* dit et ce que l'ouïe entend, tout en considérant que cet énoncé dit et entendu, à savoir, « il n'y a aucun accident sans substance », est aussi nécessaire que « l'homme est animal ». Et alors, il monte et connaît que l'*affatus* dit vrai, et qu'est vrai ce que l'ouïe entend ; et il arrive ainsi au fait que la pierre est une substance. Il considère donc que les philosophes anciens, aussi bien que les modernes, on fait un grand tort à l'*affatus*, parce qu'ils ne l'ont pas mis au nombre des sens, bien qu'il soit aussi nécessaire que les autres sens pour parvenir aux sciences, et même plus nécessaire[2].

---

1. Les corrélatifs passifs de l'*affatus* et de l'*auditus*, respectivement.
2. *De ascensu et descensu intellectus*, éd. A. Madre, ROL IX (Corpus Christianorum-Continuatio Mediaeualis XXXV), Turnhout, Brepols, 1981, p. 35-36 : « Dum intellectus praedicta accidentia lapidis apprehendit, descendit ad affabile et audibile, quando affatus dicit : *Nullum accidens est per se existens*, sed per substantiam existit, et auditus hoc audit. Tunc intellectus descendit et quaerit, utrum sit uerum hoc, quod affatus dicit et quod auditus audit, considerando, quod istud dictum et auditum, scilicet *nullum accidens sine substantia est existens*, est ita necessarium, sicut *homo est animal*. Et tunc ascendit et cognoscit, quod affatus dicit uerum, et auditus uerum audit ; et sic transit ad attingendum, quod lapis est substantia. Et considerat, quod affatui est facta magna iniuria

À l'aide de l'ouïe et de l'imagination, l'entendement connaît que l'*affatus* dit vérité. C'est ainsi qu'il peut faire science : « Il reste clair donc à partir de cela, que l'*affatus* s'associe plus avec l'intellect ou l'esprit que les autres sens, et en conséquence il est plus haut et plus noble que les autres sens[1] ». Cette « association » ou « participation » à laquelle on fait référence implique une conjonction directe entre l'âme sensitive et l'intellective : « Et parce que l'intellect a une nature appréhensive, il s'associe par une ligne droite avec l'*affatus*, avec lequel il est conjoint ; et la ligne qui les unit est délimitée par l'intellect, la langue, la bouche et la voix[2] ». L'étroite liaison entre l'*affatus* comme sens et l'entendement devrait garantir que l'expression linguistique n'agira plus en étant indépendante des significations intellectuelles, donc en contradiction avec elles : la « conception intérieure » trouve ainsi une manifestation extérieure vraie dans l'action sensible de l'*affatus*. La nouveauté de ce sixième sens provient alors surtout de sa nature intéroceptive : on a remarqué que la différence fondamentale entre lui et les cinq sens connus est que ceux-ci sont extéroceptifs (c'est-à-dire, ils appréhendent des objets extérieurs à l'esprit), tandis que l'*affatus* est intéroceptif : il appréhende des objets dans l'esprit. On pourrait dire plutôt que, si l'ouïe et les autres sens offrent à l'entendement l'appréhension des données extérieures, l'*affatus* communique à l'extérieur l'appréhension d'une conception intérieure. Il agit en médiateur en concevant les concepts imaginables ou intellectifs et en les manifestant dans le langage[3].

per philosophos antiquos, etiam per modernos, qui ipsum non posuerunt esse sensum ; cum ita sit necessarius sicut alii sensus ad scientias acquirendas, et forte magis ».

1. *De ascensu et descensu intellectus, op. cit.*, p. 42 : « Et in isto passu apparet, quod affatus magis participat cum intellecto siue mente, quam aliquis alius sensus ; ratione cuius maioris participationis est altior et nobilior, quam aliquis alius sensus ».

2. *Ibid.*, p. 49 : « Et quia ipse intellectus habet naturam apprehensiuam, participat per rectam lineam cum affatu, cum quo est coniunctus ; quae quidem linea est terminata inter mentem, linguam, os et uocem ».

3. M. D. Johnston, *The Evangelical Rhetoric of Ramon Llull, op. cit.*, p. 67 : « Where touch, taste, vision, hearing, and smell are all "exteroceptive" (*i.e.*, they apprehend objects outside the mind), Llull's sixth sense is "interoceptive" (*i.e.*, it apprehends objects within the mind) ». Cette nature intéroceptive implique pour Johnston que l'*affatus* joue le rôle de moyen communicatif entre les puissances de l'âme et, en ce sens, il étend en

Mais l'*affatus* comme sixième sens ne surmonte pas tous les problèmes inhérents à l'énonciation linguistique des significations. Il met la parole sous l'étroite surveillance de l'entendement, d'après la relation générale de subordination de la nature sensitive à la nature rationnelle. En ce sens, la parole s'avère comme un instrument fondamental pour faire science, mais toujours à condition d'énoncer une vérité qui n'égare pas l'entendement. Les « fausses significations » du mensonge sont un danger qui menace toujours la nature sensitive, donc faible, de l'*affatus*. C'est ainsi que conclut Mark Johnston :

> Même si l'*affatus* semble atténuer le conflit entre la dimension physique du langage et l'intellectualité de l'esprit, l'attention portée par Lulle sur les défauts de la langue ne diminue pas du tout après la découverte de l'*affatus* (...). Apparemment, il explique la parole comme un huitième péché dans son *Livre de mille proverbes* de 1302. La coïncidence entre l'adoption de ce schéma de huit péchés, et sa proposition de l'*affatus*, pendant la même période n'est probablement pas fortuite[1].

quelque sorte, ou même remplace, le langage mental, que Lulle mentionne dans d'autres œuvres : « Thanks to its interoceptive nature, *affatus* functions chiefly as a means of communication among the powers of the soul. It performs an intrasubjective, rather than an intersubjective function. In this regard, *affatus* extends (and perhaps replaces) the mental langage mentioned so often in Llull's earlier writings » (*Ibid.*).

1. M. D. Johnston, « Affatus : Natural Science as Moral Theology (part two) », *Studia Lulliana* 30 (1990), p. 139-159 ; p. 143 : « Even thought *affatus* might appear to mitigate the conflict between corporeal language and spiritual mind, Llull's attention to the faults of the tongue certainly does not diminish after de discovery of *affatus* (...). He apparently clarifies speech as an eighth sin in his « Mil Proverbis » of 1302. His adoption of this scheme of eight sins and his proposal of *affatus* during the same period is probably not coincidental ». Dans *Le livre des mille proverbes*, cité par Johnston, on trouve en fait un chapitre dédié au parler, placé après sept chapitres à propos des sept péchés capitaux. Il ne s'en ensuit pas que Lulle fasse de la langue un péché, mais il y avertit contre le « mauvais parler » qui égare les hommes, dans la ligne des conseils moraux du type « pense avant de parler » (Voir Raymond Lulle, *Le livre des mille proverbes*, trad. P. Gifreu, Perpignan, Éditions de la Merci, 2008). Encore il se peut, toujours d'après Johnston, que le traitement des péchés de la langue dans les manuels de morale après les péchés des cinq sens corporaux ait pu influencer l'idée lullienne du langage comme un sixième sens : voir M. D. Johnston, « "Affatus" and the Sources of Llull's Latin Vocabulary », *op. cit.*, p. 39-44. Pour les « péchés de la langue », voir M. L. Colish, « The Stoic Theory of Verbal Signification and the Problem of Lies and False Statements from Antiquity to St. Anselm », dans L. Brind'Amour, E. Vance (éd.), *Archéologie du signe*, Toronto, Pontifical Institute of Medieval Studies, 1982, p. 17-43 ; C. Casagrande, S. Vecchio, *Les péchés de la langue*, Paris, Éditions du Cerf, 1991.

Il y a certainement chez Lulle un souci pour le mensonge comme « péché de la langue » dans le terrain moral, mais sa méfiance envers la parole provient ici de son caractère fautif : nous avons déjà vu que, dans le *Livre de contemplation*, il avertit que le locuteur veut parfois signifier une chose avec des mots, et l'auditeur comprend une autre chose, parce « les mots manquent » ; il n'est pas question que le locuteur dise une chose et en pense une autre (il n'y a pas intention de tromper), mais l'auditeur se trompe parce qu'il ne reçoit pas la signification droite des mots – et ici la faute est imputable à la faiblesse de ces mots, incapables de signifier correctement les réalités spirituelles. La vraie signification intellectuelle est donnée par l'affirmation de la foi : voyez le cas reporté dans le *Livre de contemplation*, chapitre 246, § 25-27, où l'énoncé « chaque Personne de la Trinité est et substance et Dieu » se heurte à la fausse signification « il y a trois dieux ». Lulle se trouve face au problème essentiel de la sémiologie chrétienne médiévale : les signes peuvent médiatiser la connaissance de Dieu *per speculum in aenigmate*, mais ils sont toujours limités dans leur fonction cognitive, parce que cette connaissance de Dieu ne peut arriver que par la foi[1].

Il ne faut pas oublier que l'*affatus* a une nature sensible et que sa condition de sens supérieur, due au fait qu'il est davantage en relation avec l'entendement et sert comme instrument privilégié pour la connaissance, a pour contrepartie la nécessité d'un contrôle strict de son actuation, toujours orientée, en dernier ressort, à l'affirmation extérieure de la vérité de la foi. La méfiance envers la parole va persister, parce que en définitive le langage, en tant que capacité qui définit l'être humain, est doté, comme l'être humain lui-même, d'une double nature, à la fois sensible et intellectuelle.

---

1. Voir à cet égard M. L. Colish, *The Mirror of Language. A Study of the Medieval Theory of Knowledge (Revised Edition)*, Lincoln, University of Nebraska Press, 1983, Preface, p. IX. Sur les théories du mensonge, spécialement sur le rôle de l'*intentio*, voir I. Rosier, « Les développements médiévaux de la théorie augustinienne du mensonge », *Hermes* 15 (1995), p. 91-103.

CHAPITRE II

LA RÉALITÉ COMME SIGNE. LE JEU DES SIGNIFICATIONS DANS L'ÉPISTÉMOLOGIE LULLIENNE ET LA FORMALISATION DU LANGAGE DE L'*ARS*

Jusqu'à ici, nous avons traité du souci lullien pour le langage comme forme d'expression d'une raison qui comprend la réalité supérieure, transcendante, invisible, voire intellectuelle. Ce souci s'inscrit dans une réflexion plus vaste autour d'une sémiotique du réel, des possibilités significatives et des règles de la signification inscrites dans la réalité sensible ou intellectuelle. Les mots ont une nature sensible programmée pour offrir des significations intellectuelles ; mais ces significations naissent au-delà des mots, qui ne sont que l'instrument communicatif des signifiés que l'intellect connaît grâce à d'autres signes non linguistiques. L'ensemble de la création, matérielle ou spirituelle, est un dépôt de signes qui font référence les uns aux autres, dans une sorte de « sémiotique continuelle », au sein de laquelle Lulle identifie et ordonne tout un jeu de significations qui sera le fondement de sa méthode démonstrative, connue comme l'« *Ars* ».

C'est de ce fondement que l'on va traiter maintenant. Nous savons déjà quel est l'objectif de Lulle : servir Dieu à travers la conversion des infidèles. L'*Ars* sera l'instrument de cet objectif. Nous allons voir d'abord comment se construit la méthode, quel est son fondement, de quelle façon Lulle arrive à une formulation ordonnée, structurée, à partir des matériaux qu'il propose dans le *Livre de contemplation*. Dans le chapitre suivant, on verra ensuite certains exemples du fonctionnement de l'*Ars*, pour réfléchir sur son objectif.

LES ÉTAPES DE LA PRODUCTION LULLIENNE

Une division quadripartite

L'*Ars* commence, en effet, dans le *Livre de contemplation*. Cette œuvre a pour objectif l'écriture du meilleur livre du monde contre les erreurs des infidèles, objectif que Lulle se donne après sa conversion à la pénitence. Il s'agit d'un texte de dimensions extraordinaires, une sorte d'encyclopédie où l'auteur traite des thèmes les plus variés, mais qui ont en commun leur lien à la contemplation, considérée comme un effort intellectuel et affectif dirigé vers Dieu. Nous avons vu dans la chapitre précédent que dans ce livre il y a déjà une réflexion autour du langage et de ses limites; il s'y trouve également tous les éléments qui feront partie de l'*Ars*, mais sans être encore articulés en un ensemble organique, comme celui de la première version de la méthode, l'*Ars compendiosa inveniendi veritatem*.

Le caractère en quelque sorte « précurseur » du *Livre de contemplation* le place dans une position particulière dans l'ensemble de la production lullienne; précurseur des œuvres qui vont le suivre (notamment l'*Ars compendiosa inveniendi veritatem*) et qui y sont déjà annoncées. Durant les années quatre-vingt du XXᵉ siècle s'est imposée au sein des études lulliennes une division de l'œuvre de Lulle en une série d'étapes, afin d'orienter les spécialistes parmi la profusion de titres issus de la plume de l'auteur, et de souligner les changements que subit l'*Ars* tout au long de l'évolution de la méthode. Le schéma qui dessine ces étapes place le *Livre de contemplation* dans une phase antérieure, donc différente, des diverses versions de l'*Ars*. En effet, l'étude préliminaire à l'édition des *Selected Works of Ramon Llull* d'Anthony Bonner (publiée en 1985) offre un très bon panorama de l'*Ars* et incorpore, à la suite des études pionnières de Robert Pring-Mill, une classification des œuvres de Lulle autour de quatre étapes, nommées « pré-art », « quaternaire », « ternaire » et « post-art ». Voilà le schéma de ces étapes, avec la justification du nom imposé à chacune, selon la description de Bonner :

1. *Étape préartistique (1271-1274)*. Avant la systématisation de l'Art, Raymond travailla sur le *Compendium logicae Algazelis* et sur le *Livre de contemplation de Dieu*, œuvre monumentale qui contient la plupart des éléments fondamentaux de la pensée de Lulle.

2. *Première phase de l'Art (1274-1289)*. L'*Ars compendiosa inveniendi veritatem* établit pour la première fois les Figures et les Alphabets de la méthode de Raymond : c'est l'œuvre centrale du « premier cycle » de cette phase. Dans le « second cycle », Lulle élabora à nouveau le système autour de l'*Ars demonstrativa* (1283). L'Art de la première phase s'appelle aussi « quaternaire » parce que certaines séries de principes se présentent comme des multiples de quatre (groupement allant jusqu'à seize principes).

3. *Seconde phase de l'Art (1290-1308)*. L'*Ars inventiva veritatis* fixe les principes à dix-huit et les présente en deux séries de neuf (c'est le plus petit sous-multiple de ces chiffres qui est à l'origine de l'appellation « phase ternaire »). Lulle consolida peu à peu ce nouveau projet avec la *Table générale* (1294) et l'*Arbre de science* (1295-1296), puis avec l'*Ars generalis ultima* (1305-1308) et l'*Ars brevis* (1308).

4. *Étape postartistique (1308-1315)*. Lulle centra son attention sur la formulation d'une « nouvelle » logique, exprimée dans une série d'opuscules polémiques, principalement durant son séjour à Paris de 1309-1311. Après avoir été écouté au Concile de Vienne, il continua à produire des œuvres à Majorque, en Sicile et à Tunis[1].

Le critère pour établir une différence entre les étapes « quaternaire » et « ternaire » réside dans la structure numérique imposée dans chaque cas au nombre des principes qui configurent les matériaux de base servant à la démonstration ; dans le premier cas, il y a seize dignités divines (quatre fois quatre), seize combinaisons possibles dans les actes des puissances de l'âme rationnelle (représentées en outre dans une figure carrée, malgré le contenu trinitaire que l'on attendrait quand il est question des trois puissances de l'âme), etc. Dans l'*Ars* « ternaire », le nombre des

---

1. Extrait de « Qui est Raymond Lulle » : <http://quisestlullus.narpan.net/fr/63_etap_fr.html>. Anthony Bonner présente pour la première fois les étapes dans les *Selected Works of Ramon Llull*, vol. 1, Princeton, Princeton University Press, 1985.

principes référés à Dieu est réduit à neuf (trois fois trois), et en outre chaque principe se déploie dans un ternaire corrélatif qui exprime l'action, la passion et l'acte inhérents au principe.

Mais la vraie différence de fond qui justifie cette division en deux de l'*Ars* réside dans un usage différent de l'analogie comme fondement de la méthode. Robert Pring-Mill avait expliqué le rôle en principe étrange mais déterminant des quatre éléments de la nature dans les premières versions de l'*Ars* (feu, air, eau, terre) en tant que fournisseurs d'analogies, de sorte que dans ces versions « la structure quaternaire des éléments serait projetée vers le haut », et même attribuée analogiquement à Dieu. Les processus naturels de mixtion, combinaison, génération, etc., auxquels la nature est soumise, sont des analogies qui reflètent la nature du créateur. Dans les arts ternaires, par contre, l'analogie élémentaire disparaît, tandis que Lulle insiste sur un déploiement ternaire des ressemblances divines dans la création, de haut en bas, qui n'est pas analogique, mais métaphysique[1].

Mais, malgré ces différences, toutes les versions de l'*Ars*, qu'elles soient ternaires ou quaternaires, maintiennent une unité de fond et, pour l'auteur, elles ne sont que des réécritures d'une seule méthode. Lulle soulignera toujours cette unité, et ce même lorsqu'il écrit l'*Ars inventiva veritatis*. Quoiqu'il reconnaisse qu'avec le nouveau texte il cherche à simplifier et à rendre plus compréhensible la version antérieure en introduisant des changements structurels importants, il ne laissera pas d'exprimer explicitement la continuité par rapport à l'*Ars demonstrativa*. Tout au début de l'*Ars inventiva veritatis* il affirme :

> Cette *Ars* descend de l'*Ars demonstrativa* et, quoique l'existence de l'une et de l'autre soit une seule et la même, elles opèrent néanmoins de façon différente ; parce que celle-là (l'*Ars demonstrativa*) opère moyennant les termes transcrits en lettres, tandis que celle-ci (l'*Ars*

---

1. À propos de la nature analogique de l'*Ars* quaternaire, voir R. D. F. Pring-Mill, « L'estructura analògica de l'Art lul·liana », dans Id. *Estudis sobre Ramon Llull*, Barcelona, Curial-Publicacions de l'Abadia de Montserrat, 1991, p. 241-252. Une étude plus détaillée du rôle de la théorie des éléments dans la construction de l'*Ars* se trouve dans Id., « El nombre primitiu de les Dignitats en l'*Art general* », *Ibid.*, p. 115-160. Pour une explication de la modification de l'analogie dans le passage des arts quaternaires aux ternaires, voir J. M. Ruiz Simon, « De la naturalesa com a mescla a l'art de mesclar (sobre la fonamentació cosmològica de les arts lul·lianes) », *Randa* 19 (1986), p. 69-99.

inventiva veritatis) se borne à ses propres termes ou principes (sans les représenter par des lettres). Et il ne lui faut aucune notation alphabétique, à différence de l'*Ars demonstrativa*, afin que ceux qui évitent son alphabet parviennent à saisir les termes ou principes de cette *Ars* à partir de ses signifiés propres. Néanmoins, dans cette *Ars* il nous faut utiliser les lettres en substitution des principes, mais dans les figures, pas dans le développement du texte, car autrement on ne pourrait accomplir ni la recherche ni l'invention dans les deux dernières figures de cette *Ars*[1].

Entre les deux versions, l'auteur remarque que c'est le mode de présenter le texte ce qui a changé; et ce changement est d'abord focalisé sur l'usage des lettres de l'alphabet. Il faut noter que, à propos de ce que nous venons d'exposer dans le chapitre précédent, dans le processus textuel de l'*Ars inventiva veritatis*, le fait de renoncer aux lettres de l'alphabet comme des signes signifiant les principes de l'*Ars* répond à l'évolution d'une recherche continuelle d'une expression linguistique appropriée. Mais il semble aussi que, derrière cette limitation de l'usage des lettres, il y a une stratégie pour présenter un texte plus « normal », c'est-à-dire, plus d'accord avec l'aspect, avec le mode d'écriture des textes scolaires. Derrière ceux qui « évitaient l'alphabet de l'*Ars demonstrativa* » se cachent peut-être les critiques qui, notamment dans les cercles universitaires de Paris, trouvaient l'*Ars demonstrativa* trop étrange, voire même incompréhensible.

Il semble donc clair que, pour son auteur, le passage de la version de l'*Ars* contenue dans l'*Ars demonstrativa* à celle contenue dans l'*Ars inventiva veritatis* n'implique pas un changement absolu. Lulle va écrire, de plus, une œuvre intitulée *Quaestiones*

---

1. *Ars inventiva veritatis*, *op. cit.*, p. 7 : « *Ars* praesens ab *Arte demonstratiua* descendit, et licet existentia huius et illius sit una et eadem, modus tamen earum procedendi est diuersus. Quoniam illa per terminos in litteras redactos procedit, ista uero suis propriis terminis seu principiis contenta est. Nec alia nota litterarum indiget sicut illa, ut, qui *demonstratiuae Artis* euitant alphabetum, terminos seu principia huius artis sub suis propriis significatis attingant. Verumtamen in ista eadem arte in figuris, non autem in processu, litteris pro terminis uti necessario nos oportet : aliter enim nec inquisitio nec inuentio in duabus ultimis figuris huius artis fieri potest ». Dans cette version de l'*Ars* les lettres se limitent donc à un rôle purement instrumental pour faciliter la combinatoire : elles substituent les principes dans la figure à roues tournants qui forme les combinaisons des principes. Mais dans le texte, ceux-ci seront nommés sans la médiation des lettres.

per Artem demonstrativam seu inventivam solubiles : encore une preuve qu'il considérait les changements de la méthode représentés par ces œuvres en des termes plutôt de continuité que de rupture ou de frontière au delà de laquelle s'imposerait un tournant radical.

L'Ars dans l'étape pré-Ars

Mais voyons ce qui se produit avec ces étapes extrêmes, avant et après l'Art. En fait, Lulle n'abandonnera jamais son *Ars*. Même dans l'étape ici nommée « post-art », il ne fera qu'appliquer la méthode déjà définitivement configurée dans l'*Ars generalis ultima* à une série de problèmes et de questions particulières. On ne peut pas dire alors, au sens strict, qu'il n'y a pas d'*Ars* dans l'étape « post-art ». Nous sommes toujours immergés dans l'*Ars*. Il en va de même pour l'étape « pré-art ». Ici, nous avons affaire à deux œuvres, le *Compendium logicae Algazelis* et le très important *Livre de contemplation en Dieu*. On a dit qu'elles contiennent la « préhistoire » de l'*Ars*[1]. Le fait que la division quadripartite des œuvres de Lulle réserve à la première étape seulement deux titres fait penser certainement à une sorte de caractère « précurseur » par rapport à ceux qui suivront à partir de l'*Ars compendiosa inveniendi veritatem* de 1274. Il s'agit, néanmoins, de deux œuvres très différentes entre elles et dont l'importance dans le catalogue lullien a été appréciée de façon inégale. Dans le cas du *Compendium logicae Algazelis*, l'estimation de la critique n'en fait quasiment que le résultat d'un exercice scolaire des années de formation autodidacte de Lulle. L'éditeur de l'œuvre, Charles Lohr, a repéré diverses étapes dans sa composition. Lulle aurait rédigé d'abord un résumé, en arabe, de la première partie (*al-Mantiq*) des *Maqasid al-falasifa* de Ghazali ; ce texte arabe ne nous est pas arrivé[2]. Ensuite, Lulle va rédiger une traduction latine, laquelle

---

1. L'expression appartient aux frères Carreras y Artau. Ils dédient un chapitre à l'étude des deux textes lulliens antérieurs à l'*Ars* intitulé « Prehistoria del Arte luliana » : T. et J. Carreras y Artau, *Historia de la filosofía española. filosofía cristiana de los siglos XIII al XV*, vol. I, *op. cit.*, p. 348-368.
2. Il faut se souvenir que Lulle confesse avoir appris l'arabe pendant ses années de formation après sa conversion. Sur la présence de la logique de Ghazali à Majorque et les possibles influences de l'Islam majorquin sur notre auteur, voir D. Urvoy, *Penser l'Islam. Les présupposés islamiques de l'« Art » de Lull*, Paris, Vrin, 1980.

sera encore complétée, postérieurement, avec matériel tiré des *Summulae logicales* de Petrus Hispanus. Finalement, Lulle va écrire une version catalane en vers à partir du texte latin[1].

La seconde œuvre de l'étape nommée « pré-art », le *Livre de contemplation*, a fait l'objet d'une toute autre considération, envisagée comme la première grande œuvre de Lulle et comme un texte fondamental pour saisir l'origine et le développement de l'*Ars*. En fait, on ne peut pas comprendre l'*Ars* sans le *Livre de contemplation*, où se trouve déjà, plus ou moins développé, tout ce qui est essentiel à l'œuvre de Lulle. Plus que d'une étape « pré-art », il faudrait donc parler plutôt d'une « condensation *in nuce* » non seulement de l'*Ars*, mais de toute la production littéraire de Lulle. Voilà le « meilleur livre du monde » que Lulle voulait écrire, mais si dense, avec une telle concentration de contenus, qu'il va comme éclater dans une sorte de « *big bang* », et de sa matière vont surgir les deux-cents quatre-vingt œuvres (environ) qui s'étendent de 1274 à 1315.

Le *Livre de contemplation* n'a pas été suffisamment étudié ni connu par les lullistes pendant la longue histoire de la réception de l'œuvre de Lulle. Il y a ici à nouveau un élément qui établit une barrière et qui a justifié cette séparation entre le *Livre de contemplation* et l'*Ars*. Il s'agit d'un épisode de la *Vita coaetanea*

---

1. Ch. Lohr, *Raimundus Lullus' Compendium logicae Algazelis. Quellen, Lehre und Stellung in der Geschichte der Logik*. Freiburg in Breisgau, 1967, p. 28-39. Le texte de l'œuvre considérée comme la première du catalogue lullien se crée ainsi par étapes et n'acquiert sa forme définitive qu'après l'écriture d'autres titres. L'assemblage d'éléments de la logique de Ghazali (la partie traitant des universaux, des propositions et des arguments) avec d'autres emprunts à Petrus Hispanus (les chapitres sur les fallaces, les figures du syllogisme, les prédicaments et l'arbre de Porphyre) est complété avec des « *additiones de theologia et philosophia* » faites par Lulle lui-même, qu'il va incorporer au centre de la structure de la version catalane en vers. Le résultat, d'après Lohr, est une fusion soignée de la logique de l'est et de l'ouest pour en faire un instrument à l'usage des théologiens : « Lullus hat die Logik des Ostens und des Westens sorgfältig verschmolzen zu einem für den Gebrauch der Theologen bestimmten Instrument » (*Ibid.*, p. 39). Il faut remarquer que la version latine de Lulle est indépendante de la traduction du texte de Ghazali faite au XIIe siècle. Pour une histoire de la réception de la traduction latine des *Maqasid al-falasifa* de Ghazali, voir J. Janssens, « al-Gazali's Maqasid al-Falasifa, Latin Translation of », dans H. Lagerlund (éd.), *Encyclopedia of Medieval Philosophy. Philosophy between 500 and 1500*, Heidelberg, Springer, 2011, p. 387-390. Pour la version catalane lullienne, voir J. Rubió i Balaguer, « La Lògica del Gazzali, posada en rims per En Ramon Llull », dans Id., *Ramon Llull i el lul.lisme*, Barcelona, Publicacions de l'Abadia de Montserrat, 1985, p. 111-166.

qui a attiré l'attention des exégètes de Lulle tout au long des siècles :
on le connaît comme l'« illumination de Randa ». Lulle est encore
pour la plupart des gens le « Docteur Illuminé ». Autour de ce titre
s'articulent une série de connotations, souvent légendaires : Lulle
le sage, le possesseur d'une connaissance révélée, donc occulte ;
Lulle le mystique, mais aussi le cabaliste, l'ésotérique, voire
même l'alchimiste, etc. Cette expérience de l'illumination serait
donc le fondement de son *Ars*, et expliquerait sa spécificité, ses
caractéristiques uniques, originales. Mais le *Livre de contemplation*
est antérieur à l'illumination. *Ergo* il ne peut pas partager avec
l'*Ars* ces caractéristiques si particulières. Au mieux, il n'en serait
qu'une esquisse imparfaite, à laquelle manque cette génialité
illuminée du « *donum Dei* », du don de Dieu. La force de cette idée
du caractère illuminé de l'*Ars* pèse encore dans l'imaginaire des
lecteurs de Lulle. Mais, comment interpréter l'épisode et le sens de
cette illumination ? Lulle affirme dans la *Vita coaetanea* :

> Il gravit ensuite une montagne non loin de sa demeure pour
> être plus libre d'y contempler Dieu. Il n'y avait pas encore huit
> jours qu'il était là qu'un beau matin, alors qu'il se concentrait en
> regardant les cieux, le Seigneur illumina subitement son esprit et
> lui fit voir comment il aurait à composer son fameux livre contre
> les erreurs des infidèles[1].

Cet épisode est précédé de la narration des efforts de Lulle pour
se former intellectuellement, des efforts qui incluent l'apprentissage
de la langue arabe. Le caractère « mystique » de cette illumination
est suggéré par Lulle, mais pas de manière explicite. Il dit, en effet,
que l'idée, la forme et la manière de faire le livre (ou plutôt de
refaire le livre qu'il avait déjà écrit, le *Livre de contemplation*,
en lui imposant une forme toute nouvelle), lui est arrivée comme
une « illumination » de l'intellect (« *Dominus illustrauit mentem
suam* »). Mais ce don est le résultat d'un effort préalable, rigoureux
et intensif, de contemplation. Nous sommes d'accord avec l'avertis-

---

1. *La Vita coetanea de Raymond Lulle* (trad. R. Sugranyes de Franch), *op. cit.*, p. 177 :
« Post haec Raimundus ascendit in montem quendam, qui non longe distabat a domo sua,
causa Deum ibidem tranquillius contemplandi. In quo, cum iam stetisset non plene per
octo dies, accidit quadam die, dum ipse staret ibi caelos attente rescipiens, quod subito
Dominus illustrauit mentem suam, dans eidem formam et modum faciendi librum, de quo
supra dicitur, contra errores infidelium » (ROL VIII, p. 280).

sement de Jordi Gayà quand il écrit : « À partir du récit de la *Vita coaetanea* et d'autres textes de Lulle même, on admettait que l'*Ars* lullienne était un don du ciel, et donc Lulle méritait le titre de "Docteur Illuminé". Mais cette opinion n'était pas bien fondée. Le récit de la *Vita coaetanea* ne présente pas la découverte de l'*Ars* comme quelque chose qui advient soudain; bien au contraire, le fait est précédé de neuf années d'étude et, après, de quelques jours d'intense contemplation extatique[1] ».

Ainsi donc, il faut aller un peu au-delà de l'illumination de Randa, au-delà aussi de cette division en étapes, et comprendre l'*Ars* non à partir d'une illumination divine, mais en recherchant sa genèse dans l'effort intellectuel et contemplatif réalisé dans le *Livre de contemplation*. C'est ainsi que la présentation de la vie et des œuvres de Lulle que Fernando Domínguez et Jordi Gayà ont élaboré pour le volume *Raimundus Lullus. An Introduction to his Life, Works and Thought* incorpore le *Livre de contemplation* et l'*Ars compendiosa inveniendi veritatem* dans une seule section : celle des œuvres écrites à Palma avant partir pour Montpellier[2].

En effet, il y a dans le *Livre de contemplation* un travail d'étude des possibilités démonstratives d'une logique de l'analogie, dérivé d'une réflexion systématique à propos des relations entre les différents plans de la réalité créée ou incréée. C'est à partir de cette base que se construit l'édifice de l'*Ars*. Le fondement est la contemplation de Dieu à travers ses propriétés ou vertus. On commence avec la description d'une série de propriétés du monde créé, dont certaines vont servir pour définir Dieu. Comme l'a étudié Jordi Gayà, le but est, au début du *Livre de contemplation*, d'arriver à une définition de Dieu à travers ses qualités ou vertus. Ainsi, si

---

1. « Prenent peu del relat de la *Vita coaetanea* i d'alguns textos de Llull mateix, s'admetia que l'Art lul·liana era do del cel (*caeli dedita*), mereixen per a Llull el títol de Doctor Il·luminat. Era una opinió sense gaires fonaments. El mateix relat de la *Vita coaetanea* no presenta el descobriment de l'Art com quelcom de sobtat, ben al contrari, el fet és precedit per nou anys d'estudi i, més immediatament, per uns dies d'intensa contemplació extàtica » (J. Gayà, « Introducció », dans Ramon Llull, *Darrer llibre sobre la conquesta de Terra Santa*, Barcelona, Proa, 2002, p. 42).
2. Sous l'épigraphe « Study and contemplation : First writings », Domínguez et Gayà font référence aux trois premiers titres du catalogue lullien : *Compendium logicae Algazelis, Llibre de contemplació en Déu* et *Ars compendiosa inveniendi veritatem* : F. Domínguez, J. Gayà, « Life », dans A. Fidora, J. E. Rubio (éd.), *Raimundus Lullus. An Introduction to his Life, Works and Thought, op. cit.*, p. 3-124 (p. 46-49).

les choses sont bonnes, c'est-à-dire, si la bonté est une propriété
des créatures, c'est parce qu'il faut qu'en Dieu il y ait aussi la bonté,
une bonté supérieure incréée qui soit l'origine des bontés créées.
La même chose se produit avec la grandeur, la durée, le pouvoir,
etc. : autant de vertus, qualités ou propriétés de Dieu qui sont
l'archétype de la création[1].

La contemplation des propriétés divines à partir des propriétés
du monde créé est possible parce que les unes signifient les
autres. Autrement dit : la connaissance de Dieu commence par
la contemplation des propriétés des choses créées; ces propriétés
signifient quelque chose qui est référé au créateur. L'entendement,
nous l'avons déjà vu, peut, à travers les significations des propriétés, monter de la contemplation des choses créées à la
contemplation du créateur, en passant par une série d'échelons.
Les concepts de « ressemblance » et de « signification » sont
donc fondamentaux dans l'épistémologie lulienne, et sont à la
base de l'*Ars* conçue comme une « métaphysique exemplariste ».
Voilà comment Mark David Johnston définit ces deux termes :
« *Semblança* ("ressemblance" ou "similitude") désigne la relation
de correspondance entre tous les êtres, tandis que *significació*
("signification") désigne la révélation ou manifestation dynamique
de cette correspondance[2] ». La signification établit donc une

---

1. Voir J. Gayà, « Significación y demostración en el *Libre de Contemplació* de Ramon
Llull », dans F. Domínguez, R. Imbach, Th. Pindl-Büchel, P. Walter (éd.), *Aristotelica et
Lulliana magistro doctissimo Charles H. Lohr septuagesimum annum feliciter agenti
dedicata*, Steenbrugge, 1995, p. 477-499. Id., « La construcción de la demostración
teológica en el *Libre de contemplació* de Ramon Llull », dans M. Schmidt, F. Domínguez
(éd.), *Von der Suche nach Gott. Helmut Riedlinger zum 75. Geburtstag.* Stuttgart-Bad
Cannstatt, 1998, p. 147-171.
2. M. D. Johnston, *The Semblance of Significance : Language and Exemplarism
in the "Art" of Ramon Llull.* With the Text of the "Rhetorica nova" from Paris
BN Ms. Lat. 6443C, Baltimore, UMI Dissertation Services, 1978, p. 38 : « Semblança
(resemblance or similitude) designated the relationship of correspondence between
all beings, and significació (signification) the revelation or dynamic manifestation of
that correspondence ». C'est dans cette étude que l'auteur parle de « the exemplarist
metaphysics of Llull's Art » (*Ibid.*, p. 4), ainsi définie : « Par "métaphysique exemplariste"
je fais référence aux diverses doctrines d'origine platonicienne dans la tradition
philosophique occidentale qui ont postulé les archétypes exemplaires comme la source
de tous les êtres (…). Dans le cas de Lulle comme d'autres auteurs, elle a pris en outre
la forme d'un modèle métaphysique dans lequel non seulement l'origine, mais aussi le
soutien continué et les interrelations entre toutes les entités s'expliquaient comme des
dérivations des exemplaires divins. (« By "exemplarist metaphysics" I refer to the various

herméneutique de la réalité, une interprétation des relations entre les objets qui a pour but le dévoilement, la découverte, la connaissance des lois qui régissent cette réalité. C'est de la signification et de son rôle dans la construction de la méthode de l'*Ars* que l'on va traiter maintenant.

SIGNIFICATIO ET SON RÔLE DANS LE LIVRE DE CONTEMPLATION

La connaissance par la signification et ses limites

Au sein de la dynamique entre le sensible et l'intelligible qui articule tout le *Livre de contemplation*, Lulle va considérer l'action des cinq sens corporels et des cinq sens spirituels. Les premiers sont encore les sens hérités de la tradition de la psychologie aristotélicienne : vue, ouïe, goût, odorat et toucher. L'*affatus* n'était pas encore considéré comme un sixième sens. Les sens spirituels ou intellectuels sont, pour Lulle, la cogitation, la connaissance, la conscience, la subtilité et le courage ou ferveur. Rien à voir, en ce cas, avec les sens intérieurs de la tradition avicennienne : la pensée lullienne opère à partir de parallélismes, de correspondances ordonnées. Il lui faut donc établir une correspondance entre les sens corporels et un nombre égal de sens intellectuels ou spirituels[1].

doctrines in the Western philosophical tradition of Platonic provenance which posited exemplary archetypes as the source of all beings (...). In the case of Llull and others, it took the further form of a metaphysical model in which not only the origin, but the ongoing support and inter-relationships of all entities were explained as derivations from the Divine exemplars ». *Ibid.*, p. 34, n. 2).

1. Dans le premier livre du *De anima*, Avicenne identifie cinq sens intérieurs : *fantasia, imaginatio, vis aestimationis, vis memorabilis* et *vis imaginativa vel cogitans*. Ils ont pour fonction d'abstraire des formes de la réalité extérieure, de les garder et de les préparer pour les offrir à l'intellect, qui en tirera les concepts universels correspondants. Ils jouent donc un rôle médiateur entre les sens extérieurs et l'intellect mais, chez Lulle, les sens intérieurs agissent directement au niveau immatériel de l'intellect humain. Seule la « cogitation » semble avoir chez Lulle une relation avec la liste de la tradition avicennienne, mais en fait, le schéma lullien est le résultat d'une refonte éclectique où, malgré la ressemblance extérieure fournie par l'équivalence entre les cinq sens extérieurs et les cinq intérieurs de la tradition arabique-péripatéticienne, ceux-ci se réfèrent chez Lulle, par son contenu, plutôt à la tradition théologique latine des sens spirituels. Pour une discussion de l'origine éclectique de la doctrine lullienne des cinq sens intellectuels, voir N. Germann, « Die "inneren Sinne" im *Liber contemplationis* », dans F. Domínguez Reboiras, V. Tenge-Wolf, P. Walter (éd.), *Gottes Schau und Weltbetrachtung. Interpretationen zum "Liber contemplationis" des Raimundus Lullus*, Turnhout, Brepols, 2011 (Instrumenta Patristica et Mediaeualia 59. Subsidia Lulliana 4), p. 239-269.

C'est au deuxième de ces sens, « apercebiment » ou
« coneixença », à la connaissance, que Lulle accorde le plus
d'attention. Il lui dédie les chapitres 169 à 206 du *Livre de
contemplation*, dans la distinction 29, dédiée aux sens spirituels, qui
compte avec 77 chapitres. 37 chapitres donc sur un ensemble de 77,
ce qui fait presque la moitié dédiée à un seul des cinq sens. Nous
sommes, en effet, à un point d'inflexion dans l'ensemble du livre.
C'est le moment où Lulle systématise une méthode de connaissance
qui recueille les thèmes exposés auparavant pour les intégrer dans
une formulation permettant de transformer la contemplation en
connaissance certaine. La clé de cette transformation est dans la
progression qui va du connu au moins connu ou caché grâce à un
jeu ordonné de significations.

Ces chapitres s'ouvrent avec l'image du miroir. À elle de
résumer le contenu des chapitres qui vont suivre. Nous en avons
déjà parlé ; souvenons-nous : « tout comme le miroir représente et
montre la figure ou les figures qui sont en face, ainsi les choses
sensibles sont échelle et démonstration par lesquelles on monte
pour avoir connaissance des choses intellectuelles[1] ». Le jeu
des significations est un jeu de miroirs, un jeu de révélations, de
reflets permettant de percevoir ce qui est caché. La définition de
significatio en est tout à fait éloquente : « La signification est la
révélation des secrets des choses, démontrés grâce à un signe[2] ».
Et dans l'*Ars generalis ultima* on spécifie que le contraire de
la signification est l'occultation[3]. Mais, qu'est-ce que révèle
exactement la signification ? Elle montre les secrets, les qualités
cachées d'un objet qu'on veut connaître ; mais les objets dont la
connaissance est la plus désirée, ceux de nature spirituelle, ne
peuvent pas être connus en soi substantiellement.

---

1. *Llibre de contemplació en Déu*, chap. 169, § 1 : « Enaixí com lo mirall representa
e demostra la figura o figures estants en la sua presència, enaixí les coses sensuals són
escala e demostració per los quals puja hom a haver coneixença de les coses intellectuals ».

2. Raymond Lulle, *L'Art bref* (trad. fr. A. Llinarès, modifiée), Paris, Les éditions du
Cerf, 1991, p. 154. Dans l'original latin : « Significatio est revelatio secretorum, cum
signo demonstratorum », *Ars breuis*, éd. A. Madre, ROL XII, Corpus Christianorum-
Continuatio Mediaeualis XXXVIII, Turnhout, Brepols, 1984, p. 233).

3. « Occultatio uero est oppositum significationis » : *Ars generalis ultima*, éd.
A. Madre, ROL XIV (Corpus Christianorum-Continuatio Mediaeualis LXXV), Turnhout,
Brepols, 1986, p. 340.

Lulle explique par quelles voies se déroule la connaissance et, à la fois, quelles sont les limites qui bornent ces voies. Dans le chapitre 177, il signale cinq possibilités de connaissance qui peuvent satisfaire la curiosité intellectuelle humaine appliquée à un objet :

1. Connaître l'unité de la chose qu'on recherche.

2. Connaître si cette unité est décomposable en parties, et combien de composants elle a.

3. Connaître les qualités de la chose.

4. Connaître les choses qui ne sont pas la même substance que la chose recherchée et qui, conséquemment, délimitent son être.

5. Finalement, connaître ce qu'est en soi l'être de la substance de la chose recherchée.

Selon Lulle, ces cinq formes de connaissance sont possibles quand on a affaire à des objets de nature sensible. Mais, avec des objets de nature intellectuelle, on ne peut envisager que les quatre premières formes :

> Honoré Seigneur, des cinq choses qu'on aperçoit dans les choses sensibles, quatre en sont aperçues dans les choses intellectuelles, et on ignore la cinquième. Car, si l'homme recherche quelle est l'unité de l'âme, il peut apercevoir que l'âme est une substance spirituelle ; et s'il recherche si cette unité est divisée en deux choses, il aperçoit que cette âme est deux choses, c'est-à-dire, matière et forme ; et s'il recherche dans l'âme quelle est sa qualité, il va apercevoir que l'âme est ce qui se rappelle, cogite, comprend, et veut ; et s'il recherche ces choses qui ne sont pas l'âme, il va trouver que l'âme n'est pas une chose corporelle, et que l'âme de Pierre n'est pas l'âme de Guillaume ; et s'il recherche ce qu'est l'être de l'âme, ici son entendement et sa faculté d'apercevoir vont défaillir, et il ne pourra plus aller avant par connaissance ; mais au contraire, plus il voudra rechercher à propos de la cinquième chose qui est à l'homme impossible à connaître dans cette vie dans les choses spirituelles, plus son entendement ira en arrière par ignorance[1].

1. *Llibre de contemplació en Déu*, chap. 177, § 6 : « Honrat Senyor, de les cinc coses que hom apercep en les coses sentides, apercep home les quatre en les coses entel·lectuals e innora la cinquena ; car si home encerca sobre l'una unitat de l'ànima, hom pot apercebre que ànima és una substància espiritual ; e si encerca aquella unitat si és devesida en dues

Il n'y a pas donc de connaissance directe de l'essence en soi de la chose de nature spirituelle, mais une perception (« apercebiment ») qui est, toutefois, une connaissance (« coneixença ») véritable de l'image, du signe de cet objet spirituel caché, une image reflétée dans le miroir d'une autre réalité connue auparavant, soit de nature sensible soit même de nature spirituelle. La perception de cette image est une connaissance parce que l'entendement s'y applique activement pour en tirer sa *signification*. La signification fournie par l'image est le résultat d'un processus d'analyse des qualités de la chose qui agit comme miroir ou support des significations. Ces qualités sont le reflet qui signifie les qualités de l'objet qu'on veut connaître. Ce qui se reflète donc dans la signification n'est pas une image exacte de l'objet de la connaissance qui restait jusqu'à présent caché (nous venons de le dire : il n'y a pas de connaissance directe de l'essence), mais des qualités qui nous montrent comment il doit être, cet objet, parce qu'elles sont partagées entre lui et l'objet-miroir. Ce qui se reflète est donc une image semblable, qui ressemble à l'objet : une *similitudo*, une sorte de copie qui nous permet de savoir *comment* il est (pas *ce qu'il est* essentiellement).

La ressemblance

Dans le processus de la signification, on décode la ressemblance à travers une identification des qualités de l'objet qu'on recherche. Pour ce faire, il faut le *confronter* avec l'autre objet connu qui agit comme miroir ou support des significations. Quand on place les deux objets l'un face à l'autre, on aperçoit les qualités de l'objet moins connu grâce à une comparaison systématique des signifiés projetés par la *similitudo*. On veut connaître les secrets d'une chose qui, malgré tout, n'est pas complètement cachée, parce que, quelle image le vide pourrait-il refléter face au miroir ? On veut connaître ce qui est caché dans la chose insuffisamment perçue,

coses, apercep que aquella ànima és dues coses, les quals dues coses són matèria e forma; e si home encerca en l'ànima de qualitat, apercebrà que l'ànima és membrant e cogitant e entenent e volent; e si encerca aquelles coses qui no són l'ànima, atrobarà que ànima no és cosa corporal ni l'ànima d'En Pere no és l'ànima d'En Guillem; e si encerca què és l'ésser de l'ànima, aquí defallirà son enteniment e son apercebiment e ja no porà a avant anar per coneixença, enans son enteniment tornarà a entràs per innorància on més volrà encercar sobre la quinta cosa que és a home impossívol cosa a conèixer en esta present vida en les coses esperituals ».

qui n'est connue que partiellement. Il y a donc un point d'appui qui soutient la connaissance et permet d'y aller au-delà dans cette connaissance : c'est la *ressemblance*.

La ressemblance ou « *similitudo* » permet la comparaison, la confrontation de l'objet partiellement connu et de l'autre objet qui est davantage connu. La ressemblance déclenche la comparaison et on aperçoit ainsi, par exemple, que telle qualité d'un objet apparaît dans l'autre augmentée ou diminuée, ou que telle qualité qui implique dans l'un une priorité temporelle ou causale signifie dans l'autre une fin d'achèvement ou de repos. Enfin, la signification est l'analyse des différences entre les qualités en termes de supériorité, égalité, infériorité, concordance, contrariété, principe, moyen, fin, etc. Il faut savoir choisir, entre ces significations de l'objet miroir, celles qui démontrent – qui représentent – l'objet recherché.

Par la suite, on peut même confronter les signifiés. Par exemple :

> Celui qui doute, Seigneur, si une chose vient ou ne vient pas de vous, doit recevoir les vrais signifiés de cette chose et les signifiés de votre bonté, et il doit regarder les uns avec les autres. Il pourra ainsi connaître si cette chose dont il doute est ou n'est pas une de vos œuvres, car si elle est une chose que vous avez faite et voulue, ses signifiés vont s'accorder avec les signifiés de votre bonté ; mais si elle est une chose mauvaise et corrompue par le péché, ses signifiés ne vont pas s'accorder avec les signifiés de votre bonté[1].

De la confrontation surgit la convenance (concordance) ou la contrariété, de nouveaux signifiés qui permettent de placer la chose dans le lieu correspondant dans le réseau de relations qui organise le monde et dont la connaissance fournit la sagesse.

Ce processus de dévoilement de la vérité et d'acquisition de la connaissance ne fonctionne donc qu'à partir d'un présupposé implicite fondamental : celui de l'exacte correspondance significative entre les objets, une correspondance qui naît de la

---

1. *Llibre de contemplació en Déu*, chap. 182, § 27 : « Qui és dubtós, Sènyer, en alcuna cosa si és venguda de vós o no, reeba los vers significats d'aquella cosa en què dubta e reeba los significats de la vostra bonea e guard los uns significats ab los altres, e enaixí, Sènyer, porà conèixer aquella cosa en què dubta si és obra vostra o no, car si és cosa que vós hajats feta ni volguda, los significats d'ella se covenran ab los significats de la vostra bonea, e si és cosa mala e corrompuda per pecat, los significats d'ella no·s covenran ab los significats de la vostra bonea ».

ressemblance. Ce qui est sous-jacent comme support et condition préalable d'une connaissance ainsi considérée, c'est une certaine épistémè au sens attribué au terme par Michel Foucault dans *Les mots et les choses* [1]. La ressemblance fonde cette épistémè qui permet d'interpréter un monde qui se plie sur lui même dans un réseau de correspondances exactes qu'il faut décoder. Ce monde, nous le savons déjà, a une double nature, matérielle et spirituelle. Toutes deux se correspondent mutuellement à travers la ressemblance, et c'est grâce à cette correspondance que la connaissance se produit :

> Chaque intellectualité a une sensualité appropriée qui peut agir comme sujet pour que celle-là soit connue ; ainsi, quelques intellectualités ont des sensualités par lesquelles elles sont aperçues, et d'autres intellectualités en ont d'autres ; et de cette façon, de degré en degré, chaque intellectualité a une sensualité qui est convenante pour la signifier et pour la démontrer à l'entendement humain [2].

Mais la connaissance de la nature sensible suit la même démarche : affrontement et analyse des différences pour établir leurs correspondances significatives, c'est-à-dire, pour décoder le signifié inscrit dans le signe qui manifeste la ressemblance. La science de la nature ne suit donc pas une méthode différente de celle appliquée à la recherche sur Dieu : nous sommes toujours dans le domaine de l'analyse herméneutique des différences entre les qualités des choses. Il faut d'abord identifier ces différences, aussi bien substantielles qu'accidentelles :

> Dans la nature sensible et dans la nature intellectuelle il y a, Seigneur, des propriétés, et des diversités, et des concordances, et d'autres qualités. Il s'ensuit que celui qui veut apercevoir le cours

---

1. Il parle de « la prose du monde » pour se référer à cette épistémè : « Le monde est couvert de signes qu'il faut déchiffrer, et ces signes, qui révèlent des ressemblances et des affinités, ne sont eux-mêmes que des formes de la similitude. Connaître sera donc interpréter : aller de la marque visible à ce qui se dit à travers elle, et demeurerait, sans elle, parole muette, ensommeillée dans les choses », M. Foucault, *Les mots et les choses*, Paris, Gallimard, 1966, p. 47.

2. *Llibre de contemplació en Déu*, chap. 169, § 26 : « Cascuna intel·lectuïtat, Sènyer, ha apropiada sensualitat que li pusca ésser subject per la qual sia coneguda ; on, les unes entel·lectuïtats han alcuns sensuals per los quals són apercebudes, e altres entel·lectuals n'han altres ; e així de grau en grau, Sènyer, cascuna intel·lectuïtat ha sensualitat a ella covinent a significar e a demostrar-la a l'enteniment humà ».

de la nature doit avoir connaissance des accidents qui tombent dans les choses substantielles ; car s'il n'avait aucune connaissance <pour distinguer> quelles choses sont accidentelles et quelles sont substantielles, et s'il ne connaissait pas les différences qui sont dans les accidents et les différences qui sont dans les substances, il ne pourrait pas parvenir à apercevoir ce qui peut être aperçu dans les œuvres de la nature[1].

Ces différences substantielles et accidentelles établissent les correspondances significatives entre les êtres et permettent de connaître la nature d'une espèce moyennant la connaissance de la nature d'une autre espèce qui soit *ressemblante dans sa forme* à la première. Les ressemblances formelles construisent ainsi une taxonomie fondée sur les correspondances entre les signes tirés de la confrontation des qualités. Le résultat est que, par exemple, la nature de l'espèce humaine peut être connue à travers la nature des espèces qui portent imprimée une marque de ressemblance, devenue signe reflété dans le miroir de la correspondance :

> Celui qui veut rechercher la nature de l'homme hors de l'espèce humaine la trouvera et la connaîtra plutôt chez les animaux irrationnels que chez les végétaux, car la nature de l'espèce humaine est plus proche de celle des animaux irrationnels que de celle des espèces végétales. En plus, l'espèce humaine, dans sa nature, se rapproche plus de certaines espèces animales que d'autres ; par exemple, du singe, ou de l'ours, ou du phoque, qui sont plus semblables en figure à l'homme que le cheval ou la sardine. Et pareillement quant aux espèces végétales, car l'homme ressemble dans la figure plus à la mandragore qu'à la ronce[2].

1. *Llibre de contemplació en Déu*, chap. 171, § 3 : « En natura sensual e en natura intel·lectual ha, Sènyer, proprietats, e diversitats, e contrarietats, e concordances e d'altres qualitats. On, qui vol apercebre lo cors natural per lo qual obra natura, cové que haja coneixença dels accidents qui caen en les coses substancials ; car si no havia coneixença quals coses són accidentals ni quals coses són substancials, ni si no coneixia les diversitats qui són en los accidents e les diversitats qui són en les substàncies, ja no poria apercebre los atenyiments per los quals són apercebudes les obres de natura ».
2. *Llibre de contemplació en Déu*, chap. 171, § 6 : « Qui vol encercar, Sènyer, natura d'home fora espècie humana, enans l'atrobarà e l'apercebrà en los animals inracionals que en los vegetables, car més s'acosta espècie d'home en natura ab les espècies dels animals inracionals que no fa ab les espècies dels vegetables ; e encara s'acosta en natura espècie d'home més a alcunes espècies dels animals que a altres, així com bugia o ors o vell marí, qui són pus semblants en figura a home que cavall ni sardina. E açò mateix és en les espècies vegetables, car pus semblant és home en figura ab mandràgora que ab romeguera ».

Les significations de différence, concordance et contrariété

Les significations qui dérivent de ce cadre de correspondances peuvent être de plusieurs sortes. Il y en a qui se basent sur la *concordance* des qualités, il y en a qui se basent sur l'opposition ou la *contrariété* de ces mêmes qualités. Toutes les deux impliquent une *différence* de base qui distribue les correspondances significatives suivant les relations qui peuvent s'établir entre elles. D'un côté, il y a celles qui signifient *a contrario*; d'un autre côté, les différences qui signifient par *concordance*. Toutes deux, aussi bien les significations concordantes que celles qui sont contraires, entraînent une connaissance sûre qui s'exprime dans des énoncés affirmatifs ou négatifs. Le doute, qui peut mener à l'ignorance, surgit de l'incapacité de percevoir ces différences qui impliquent concordance ou contrariété : « Le doute apparaît dans l'esprit de l'homme car il ne sait pas apercevoir ni connaître les concordances et les discordances qu'il y a entre certaines sensualités et d'autres, ou entre quelques sensualités et quelques intellectualités, ou entre des intellectualités et d'autres intellectualités[1] ». L'homme sage, par contre, est celui qui est capable de percevoir les différences :

> Celui qui veut chercher dans un homme stupidité, sottise et manque de sagesse, il faut qu'il remarque s'il s'agit d'un homme qui fait la différence entre une sensualité et une autre, ou s'il fait la différence entre une sensualité et une intellectualité, ou s'il sait faire la différence entre une intellectualité et une autre ; parce que les hommes qui sont grossiers et sots ne font aucune différence entre sensualité et intellectualité, et ils ne font pas de différence entre les sensualités qui sont diverses en nature et en propriétés, et encore ils ne font pas de différence entre les intellectualités diverses et contraires qui ont des qualités et des propriétés diverses[2].

1. *Llibre de contemplació en Déu*, chap. 173, § 5 : « Tota la dubitació qui cau, Sènyer, en home, esdevé per ço car hom no sap apercebre ni conèixer les concordances ni les descordances qui són enfre les unes sensualitats ab altres sensualitats, e les unes sensualitats ab alcunes entel·lectuïtats e les unes entel·lectuïtats ab altres entel.lectuïtats ».
2. *Llibre de contemplació en Déu*, chap. 201, § 3 : « Qui vol encercar en home peguees e neciees e defalliments de saviea, haja esguardament si és home qui faça diferència enfre una sensualitat e altra ne si fa diferència enfre sensualitat e entel·lectuïtat ne si sap fer diferència enfre una entel·lectuïtat e altra, car los hòmens qui són pecs e necis no fan

On voit que la clé de la connaissance réside pour Lulle dans la perception des différences. La différence organise les correspondances qui configurent la réalité en les classifiant en des relations de concordance ou de contrariété : « L'homme sage est celui qui, parmi les choses, figure les unes par les autres, et qui recherche des choses avec d'autres choses, et qui fait des comparaisons concordantes; et l'homme sage est celui qui a connaissance des choses qui sont contraires et de celles qui ont des propriétés diverses; et l'homme sage est celui qui sait apercevoir, dans les qualités, quels sont les vrais et les faux signifiés[1] ». *Differentia* est le principe universel qui garantit l'existence des substances premières dans sa diversité; c'est le fondement d'une création ordonnée hiérarchiquement entre les réalités sensibles et les réalités intellectuelles, des réalités discrètes, individuées, chacune à sa place. L'absence de différence impliquerait une unité confuse qui aurait pour effet, par exemple, la suppression de la distance infinie entre Dieu et les créatures[2].

La différence implique conséquemment deux autres principes : ceux de *concordantia* et de *contrarietas*. Toute différence se résout en une relation de concordance ou de contrariété entre les êtres divers. Si les différences permettent d'établir un réseau de significations à partir de la confrontation des qualités des objets divers, c'est parce que la concordance qui à un certain degré existe entre eux permet de percevoir une ressemblance qui soutient la

diferència enfre sensualitat ne entel·lectuïtat, ni no fan diferència enfre les sensualitats qui són diverses en natura e en proprietats, ni no fan diferència enfre les entel·lectuïtats diverses e contràries qui han diversitat en qualitats e en proprietats ».

1. *Llibre de contemplació en Déu*, chap. 201, § 10 : « Home savi és aquell qui afigura unes coses per altres e qui encerca les unes coses ab les altres e qui fa concordants comparacions e home savi és aquell qui ha coneixença d'aquelles coses qui són contràries e d'aquelles qui han diverses proprietats, e home savi és aquell qui sap apercebre en les qualitats quals són vers o falsos significats ».

2. C'est ainsi que Louis Sala-Molins parle même d'une « métaphysique de la différence » comme postulat fondamental de la philosophie lullienne; cette même différence, principe sans lequel n'existeraient pas les autres, explique aussi le refus de l'identification entre l'Ami et l'Aimé dans la mystique de Lulle : la non-confusion des essences permet précisément l'amour comme lien entre deux êtres différents. Voir L. Sala-Molins, *La philosophie de l'amour chez Raymond Lulle*, Paris, Mouton, 1974, p. 79-82 (« Différence et son rôle »); Id., « Le refus de l'identification dans la mystique lullienne », *Estudios Lulianos* 9 (1965), p. 39-53 et 181-192.

signification. Ainsi, dans la *Introductoria Artis demonstrativae*
Lulle fait concorder la concordance avec la ressemblance : quand,
à la fin de l'œuvre, il offre une liste des principes de l'*Ars* avec
l'alphabet, nous l'avons vu, il ajoute aux signifiés propres de ces
principes d'autres dérivés « par concordance ». De cette façon, il
augmente la capacité significative des principes. Le principe même
de *concordantia* apparaît donc explicitement en concordance
(« *habet concordantias* ») avec *similitudo* et *pertinentia*[1]. La
ressemblance est une espèce de concordance.

Les différences qui signifient une concordance sont basées sur
une certaine équivalence des qualités. Moyennant cette équivalence,
la qualité reflétant s'accorde avec la qualité reflétée et l'illumine
en établissant avec elle une relation – toujours significative – de
supériorité, infériorité, égalité, principe, moyen, etc. « Apercevoir
et connaître » c'est lire, interpréter le signifié de ce réseau de
relations. Mais l'autre principe qui découle de la *differentia*, la
contrarietas, a aussi un rôle déterminant dans la signification. De
même que la concordance des qualités permet une ressemblance
sur laquelle s'appuie la signification, il y a aussi des significations
« *a contrario* », appuyées sur une dissemblance. La dissemblance,
née de la contrariété entre les qualités des deux objets confrontés,
est également significative en ce qu'elle suppose une sorte de
ressemblance négative. Pour Lulle, cette forme de connaissance
« par la négative » est fondamentale dans la démarche de son *Ars*.

Contrarietas : les dissemblances significatives

Le principe de *contrarietas* est ainsi défini dans l'*Ars brevis* :
« La contrariété est la résistance réciproque de certains êtres en
raison de leurs fins différentes[2] ». La connaissance a lieu « parce
que les contraires se connaissent les uns par les autres, et plus
les contrariétés sont majeures, plus elles sont connues les unes

1. *Introductoria Artis demonstrativae*, MOG III, II, p. 37 (p. 91).
2. Raymond Lulle, *L'Art bref, op. cit.*, p. 121. Le texte latin est : « Contrarietas est
quorundam mutua resistentia propter diuersos fines » (ROL XII, p. 213).

par les autres[1] ». Dans la recherche sur les choses sensibles, par exemple, on arrive à la connaissance de la qualité d'un objet après l'avoir confrontée avec la qualité contraire : « car celui qui veut rechercher une grande blancheur dans une chose, en aucune façon pourra mieux la rechercher ni la trouver qu'en la recherchant avec une grande noirceur, et en plaçant une couleur en face de l'autre (…). Parce que plus les couleurs sont contraires l'une à l'autre, plus elles se signifient mutuellement[2] ». La ressemblance négative de base qui connecte les objets qui se signifient *a contrario* est plutôt une dissemblance. C'est justement la non-coïncidence, la totale absence de traits accidentels partagés, qui déclenche la signification. Maintenant, ce n'est pas une configuration différente d'une même qualité (augmentée, diminuée ou déplacée) qui offre une nouvelle signification projetée ver l'objet, mais le moule vide de l'absence de la qualité qui se remplit avec la signification contraire. C'est comme contempler le négatif d'une photographie.

Lulle est bien conscient de ce qu'il y a de paradoxal dans la signification de contrariété, et il s'en émerveille : « Et c'est une grande merveille, Seigneur, que la chose qui ne soit pas dans son contraire en donne signification et démonstration, et encore, que plus elle lui est contraire, plus elle le signifie et le démontre[3] ». L'absence démontre et signifie parce qu'elle est le revers, donc une forme qui implique nécessairement la totale différence de ce qui est contraire. Afin que cette sorte de signification contraire puisse exister pleinement, il faut que la contrariété soit maximale, sans aucune possibilité pour la concordance ; la démonstration par le contraire perd qualité et force si le revers signifiant n'est pas parfait,

---

1. *Llibre de contemplació en Déu*, chap. 192, § 11 : « Car los uns contraris se coneixen per los altres, e on pus fort són diverses les contrarietats, pus fortment són les unes contrarietats conegudes per les altres ».
   2. *Llibre de contemplació en Déu*, chap. 199, § 4-5 : « Car qui vol encercar gran blancor en alcuna cosa, en neguna manera no ho pot mills encercar ni atrobar com fa si l'encerca ab gran negror e que pos l'una color contra l'autra (…). Car on pus contràries seran les colors, més se demostraran l'una per l'autra ».
   3. *Llibre de contemplació en Déu*, chap. 199, § 6 : « On açò és gran meravella, Sènyer, que la cosa qui no sia en son contrari dó significació e demostració d'ella, e on pus contrària li és, que més la signific e la demostre ».

s'il ne représente pas une semblance vide, un moule exact de ce qui est signifié, pour qu'il puisse se produire un emboîtement.

Cet exposé a des conséquences intéressantes, au-delà du terrain purement gnoséologique, qui concernent l'anthropologie lullienne. Du moment que l'homme est la créature dont la nature est douée d'une contrariété maximale (puisqu'elle est la seule créature qui est constituée de deux natures contraires, la nature sensitive du corps et la nature spirituelle de l'âme), il est aussi l'être le plus approprié pour devenir dépôt des significations et champ d'étude du monde. Lulle affirme : « Dans aucune créature il n'y a autant de choses contraires que dans l'homme[1] ». Chez lui, le bien et le mal atteignent la contrariété maximale possible dans la création : « Dans l'homme, le bien et le mal se contredisent plus que dans n'importe quelle autre créature[2] ». Conséquemment, « puisque l'homme se trouve placé entre ces contradictions, il peut connaître certains contraires par les autres plus aisément en lui-même qu'en une autre créature quelconque[3] ». Chez Lulle, le « *gnosce te ipsum* » devient connaissance auto-contemplative de l'homme-microcosme projetée vers le monde et vers Dieu grâce à la contrariété qui lui est inhérente :

> Comme vous, Seigneur, avez créé l'homme pour qu'il connaisse et sache la grande bonté qui est en vous, c'est pour cela que dans l'homme il y a plus de bien et plus de mal que dans n'importe quelle autre créature ; car, plus l'homme est bon et mauvais, mieux peut-il connaître et apercevoir votre bonté, en ce qu'en connaissant son mal et son imperfection, il acquiert connaissance du bien ; et en connaissant le bien, il acquiert connaissance de votre bien et de votre perfection[4].

---

1. *Llibre de contemplació en Déu*, chap. 199, § 16 : « Més de coses contràries les unes a les altres ha en home que no ha en nulla altra creatura ».
2. *Llibre de contemplació en Déu*, chap. 199, § 17 : « En home se contrariegen més lo bé e·l mal que en nulla altra creatura ».
3. *Llibre de contemplació en Déu*, chap. 199, § 18 : « E per açò com home és en aital estament de contrarietats, per açò pot en si mateix pus leugerament conèixer los uns contraris per los altres que en nulla altra creatura ».
4. *Llibre de contemplació en Déu*, chap. 199, § 19 : « Com vós, Sènyer, hajats creat home per tal que sia coneixedor e sabedor de la gran bonea qui és en vós, per açò ha en home més de bé e més de mal que en nulla autra creatura, car on més és home bo e

La finalité de cet exposé lullien sur les significations est, on le voit, d'établir une échelle ascendante qui, tout en partant de la création sensible, permette d'arriver à une connaissance sur Dieu. On a remarqué la ressemblance de fond de cet itinéraire de Lulle avec Bonavente; ainsi, pour Jordi Gayà, c'est dans l'*Itinerarium mentis in Deum* de Saint Bonaventure que l'on trouve formulé l'exemple le plus clair de ce qu'on pourrait nommer une « théologie ascensionnelle », jusqu'au point de reconnaître dans cette œuvre bonaventurienne le paradigme du système lullien tel qu'il est exposé dans le *Livre de contemplation*[1]. D'autre part, la signification par contrariété est déterminante pour arriver au sommet de cette échelle contemplative; dans la citation du *Livre de contemplation* que nous venons de reproduire, on remarque que la connaissance du mal et du péché ouvre la voie pour atteindre la connaissance du bien suprême, ce qui est la finalité pour laquelle Dieu a créé l'homme.

La signification des qualités divines

Pour clore cet exposé sur le rôle de la signification dans le début de la méthode démonstrative tel qu'elle est dessinée dans le *Livre de contemplation*, il faut se souvenir du sens final que Llulle lui accorde : parvenir à la connaissance de Dieu à travers ses vertus ou qualités. Répétons-le : ce sont les significations des qualités de bonté, grandeur, durée etc. inscrites dans les créatures qui conduisent à la saisie intellectuelle des suprêmes bonté, grandeur, éternité etc. La montée à travers l'échelle doit être méthodique, ordonnée d'après la structure ontologique de la réalité. La contemplation des qualités tient compte alors d'une taxonomie qui aboutit aux premières manifestations de la combinatoire si caractéristique de la méthode lullienne : Lulle distribue les différents types de

---

mal, mills pot conèixer e apercebre la vostra bonea, car coneixent hom son mal e son defalliment, ha hom coneixença del vostre bé e del vostre acabament ».

1. J. Gayà, « *Ascensio, Virtus* : dos conceptos del contexto original del sistema luliano », *Studia Lulliana* 34 (1994), p. 3-49 (p. 14). Néanmoins, Gayà évite prudemment de parler d'influence directe ou de source : ce qu'il met en évidence c'est que le schéma de l'« *ascensio* », garde dans sa formulation bonaventurienne un certain « air de famille » avec des éléments de la contemplation lullienne (*Ibid.*, p. 33-34).

qualités dans un arbre, figure qui représente la classification, l'ordre nécessaire au processus démonstratif. C'est dans le chapitre 234 du *Livre de contemplation* qu'il il analyse comment les qualités se donnent signification les unes aux autres moyennant un arbre, « l'arbre des qualités et des signifiés », qui recueille dans ses branches les combinaisons possibles des signifiés que peuvent offrir les qualités des choses sensibles ou intelligibles et les qualités des choses essentielles ou accidentelles.

Dans les choses sensibles, par exemple, nous pouvons faire attention aux qualités des végétaux, et voir ce qu'elles signifient les unes des autres. Ainsi, « quand une qualité signifie une autre qualité dans les végétaux c'est comme la couleur de la pomme verte, qui signifie acidité dans la pomme, en tant qu'elle ne la signifie pas mûre. Mais quand la pomme est de couleur jaune, alors sa couleur signifie douceur dans la pomme, car elle la signifie mûre[1] ». Ici, on a affaire à des qualités accidentelles (couleur verte, acidité…) dans les choses sensibles (en l'occurrence, une pomme), et à la relation significative qui s'établit entre elles : la couleur verte *signifie* acidité. Il en va de même avec les animaux, dans une dynamique comparative d'après laquelle, par exemple, la forme du faucon signifie vitesse de vol comparée à la forme du vautour, qui ne signifie pas vitesse, etc.

Mais, quand dans la montée de l'échelle vers les intellectualités on arrive aux qualités ou vertus divines, on a affaire à des qualités essentielles, et non accidentelles : « Excellent Seigneur, vos vertus sont des vertus essentielles, c'est-à-dire, substantielles, et elles se signifient toutes ensemble les unes les autres, et toutes jointes ensemble sont une seule substance divine[2] ». Ces qualités divines, qui dans l'*Ars* s'assemblent autour de la « figure A », entrent dans le jeu des significations articulées par la « figure T » ; à comparer les triangles de « *principium, medium et finis* » et de « *maioritas,*

---

1. *Llibre de contemplació en Déu*, chap. 234, § 4 : « Com una qualitat significa, Sènyer, altra qualitat en los vegetables, és com la color de la poma verd, qui significa agror en la poma en ço que no la significa madura ; on, com la poma és, Sènyer, de color groga, adoncs significa sa color douçor en la poma, per ço car la significa madura ».
2. *Llibre de contemplació en Déu*, chap. 234, § 3 : « Excel.lent Senyor, les vostres vertuts són vertuts essencials, ço és a dir, substancials, les quals vertuts són totes ensems significants les unes les altres e són totes ensems una substància divina ».

aequalitas et minoritas » de cette dernière figure[1] avec le texte suivant, où ils sont appliqués à la grandeur divine en tant que signifiés dérivés de l'infinité divine : « Votre infinité donne comme signifié que votre grandeur est plus grande et meilleure que nulle autre grandeur; car votre infinité signifie, Seigneur, qu'elle-même est sans quantité et sans commencement et sans fin, et signifie, pour les autres grandeurs créées, quantité, fin et commencement[2] ». « Infinité » et « Grandeur » sont deux qualités divines (dans l'*Ars*, elles seront représentées dans la figure A) d'où l'on tire des signifiés de commencement, fin, et supériorité (des principes de la figure T ou « figure des signifiés »).

Avec cette méthode, basée sur les significations des vertus divines, on peut même risquer des arguments qui, pour Lulle, seront des raisons démonstratives de la Trinité. Ainsi :

> Dans votre glorieuse essence divine, Seigneur, les vertus sont signifiées d'après nous en diversité, et par cette diversité sont produits plusieurs signifiés de vertus; car l'infinité donne une signification, et votre sagesse en donne une autre, et votre éternité en donne une autre; et par ces significations diverses il est démontré que dans votre substance divine il y a diversité de propriétés, de façon qu'une propriété n'est pas l'autre, ces propriétés étant paternité, filiation et procession[3].

La genèse de l'*Ars* peut donc être référée tout d'abord à un fondement constitué par les significations et les qualités divines. D'autres éléments vont s'y ajouter. À présent, nous sommes déjà en état d'offrir une description plus précise de la forme qui structure la

---

1. Voir dans les illustrations la représentation graphique de la figure T et la distribution en triangles de ses principes.

2. *Llibre de contemplació en Déu*, chap. 234, § 19 : « La vostra infinitat dóna significat de vostra granea que és major e mellor que nulla altra granea; car la vostra infinitat significa, Sènyer, si mateixa ésser senes quantitat e sens començament e sens fi, e significa a totes altres granees creades quantitat e fi e començament ».

3. *Llibre de contemplació en Déu*, chap. 234, § 24 : « En la vostra gloriosa essència divina, Sènyer, segons nós, són significades les vertuts en diversitat per la qual diversitat són feits diverses significats de vertuts; car una significació dóna infinitat, altra ne dóna la vostra saviea, altra·n dóna la vostra eternitat, e per raó d'estes diverses significacions és demostrat que en la vostra substància divina ha diversitat de proprietats enaixí que l'una proprietat no és l'autra, les quals vostres proprietats són, Sènyer, paternitat e filiació e processió ».

méthode de l'*Ars* dans sa première étape : comment Lulle formalise dans un langage particulier la contemplation intellectuelle des signifiés.

LA REFONTE DES SIGNIFICATIONS
DES QUALITÉS DANS LE LANGAGE DE L'*ARS*

Ainsi, nous avons à présent les éléments principaux avec lesquels l'*Ars* va opérer : d'abord, et c'est le plus important, une série ouverte de qualités ou propriétés divines, aussi nommées « dignités » (bonté, grandeur, éternité, miséricorde, justice, etc.), archétypes de la création, principes de l'être et de la connaissance. Dans l'*Ars compendiosa inveniendi veritatem* ces dignités divines seront présentées autour de la première figure circulaire, la figure « A », qui représente Dieu. Les différentes listes de qualités divines qui, dans le *Livre de contemplation*, articulaient le discours seront réduites à une seule contenant seize dignités (à chacune desquelles, dans la figure, on attribuera une lettre de l'alphabet latin, de B à R)[1].

Pour que la connaissance soit possible et, surtout, pour qu'elle révèle la vérité sur Dieu, l'*Ars* va se fonder sur une logique de l'analogie à partir des ressemblances qui mettent en relation significative les êtres. Aux dignités divines il faut donc ajouter une autre série de principes par lesquels cette analogie devient

---

1. Le mot « *dignitates* » va l'emporter sur les termes « *qualitates* » ou « *virtutes* » que Lulle utilise également dans le *Livre de contemplation* pour nommer les attributs divins. Sur l'origine de l'utilisation lullienne du mot dans un sens proche de « axiome » ou principe de la démonstration (repéré chez Boèce et d'autres auteurs médiévaux), voir H. Merle, « *Dignitas* : signification philosophique et théologique de ce terme chez Lulle et ses prédécesseurs médiévaux », *Estudios Lulianos* 21 (1977), p. 173-193 ; A. Bonner, « Una nota sobre el mot "dignitas" », dans *Studia Lullistica et Philologica. Miscellanea in honorem Francisci B. Moll et Michaelis Colom*, Palma de Mallorca, Maioricensis Schola Lullistica, 1990, p. 35-38. Sur le nombre des dignités divines dans le *Livre de contemplation* et dans les premières versions de l'*Ars*, voir A. Llinarès, « Les dignités divines dans le *Libre de contemplació* », *Catalan Review* 4 (1990), p. 97-123 ; R. D. F. Pring-Mill, « El nombre primitiu de les Dignitats en l'*Art general* », dans Id., *Estudis sobre Ramon Llull*, *op. cit.*, p. 115-160 ; J. E. Rubio, *Les bases del pensament de Ramon Llull*, València-Barcelona, Institut Interuniversitari de Filologia Valenciana-Publicacions de l'Abadia de Montserrat, 1997, p. 111-123.

démonstrative moyennant un jeu ordonné de significations ; des principes relationnels qui manifestent ces possibilités significatives permettant d'opérer la montée et la descente de l'entendement (les lullistes du XVIIᵉ et XVIIIᵉ siècles les appelleront « principes relatifs », face aux dignités divines, qui sont les « principes absolus »). Nous avons aussi vu que dans le *Livre de contemplation* la signification joue un rôle fondamental. Voilà donc la « figure des significations » : c'est ainsi que Lulle définit la figure « T » de l'*Ars compendiosa inveniendi veritatem*. Sa représentation graphique est formée par cinq triangles inscrits dans un cercle, chacun avec une couleur qui les identifie ; aux sommets des triangles, les quinze principes de la figure, chacun d'eux à son tour accompagné d'autres termes qui en précisent la portée.

Le lecteur avisé va bien voir que les principes de cette figure recueillent ce que nous venons de dire à propos de la signification. On peut constater que le discours du *Livre de contemplation*, où on assiste à la construction progressive d'une méthode, prend une forme plus organique dans l'*Ars*. Ici, on le voit, les principes qui sont distribués en cinq triangles de couleurs sont les principes des significations qui, dans le *Livre de contemplation*, articulaient la ressemblance, mais qui alors n'étaient pas encore structurés en un groupe fermé ; au contraire, ils étaient disséminés tout au long du discours et il fallait les chercher avec attention pour découvrir leur présence. Mais ils étaient là, tous. Nous en avons identifié quelques uns, clairement présents dans les citations que nous avons reproduites. Mais précisons un peu le contenu de chaque triangle.

1) Si on regarde la figure T, on voit que le premier triangle représente « Dieu », « Créature », « Opération ». Tout ce qui existe est, pour Lulle, ou bien Dieu, ou bien une créature de Dieu, ou bien une opération issue de l'action réalisée par Dieu ou par la créature. Il s'agit ici d'identifier les significations de l'unité, de la trinité ou des vertus de Dieu (*unitas*, *trinitas* et *virtutes* étant les trois termes qui accompagnent « Dieu »)[1], ainsi que les significations des « créatures

1. C'est la seule fois qu'un dogme propre à la foi chrétienne (la trinité) apparaît entre les principes généraux de l'*Ars*, laquelle se veut, par contre, un point de départ commun aux chrétiens, musulmans et juifs et doit, en conséquence, s'établir sur des bases également partagées et acceptables par tous. Possiblement conscient de ce manque de

sensibles, animales ou intellectuelles » et les significations des
« opérations artificielles, naturelles ou intellectuelles ». Chaque
principe est donc accompagné d'un ternaire de termes qui précise
le type de signification qui représente.

2) Si on regarde le deuxième triangle, nous avons aussi les
significations de différence, de concordance et de contrariété, dont
nous avons remarqué l'importance en en constatant la présence
dans le *Livre de contemplation*; l'échelle permettant l'ascension
de la connaissance grâce à ces significations est identifiée dans
les trois termes qui précisent que la différence, la concordance
ou la contrariété se donnent toujours entre les natures « sensible
et sensible », « intellectuelle et sensible », et « intellectuelle et
intellectuelle » (termes inscrits dans les cercles extérieurs de la
figure en correspondance avec chaque sommet du triangle). Il
faut se souvenir de ce que nous avons lu dans le paragraphe 3 du
chapitre 201 du *Livre de contemplation*[1]. Identifier les signifiés des
différences dans la réalité est la clé de la sagesse. Les différences
impliquent des concordances ou des contrariétés, toujours entre les
natures « sensible et intellectuelles ».

3) Ensuite, les signifiés de principe, moyen et fin, constitutifs du
troisième triangle de la figure T. Ces signifiés sont aussi spécifiés
chacun par trois termes qui en étendent la portée significative :
le « principe » peut signifier un principe causal, de quantité, ou
temporel; le moyen peut l'être de conjonction, de mesure, ou bien

---

pertinence d'une référence explicite à un dogme catholique, Lulle va remplacer le ternaire
« *unitas trinitas virtutes* » par « *unitas essentia dignitates* » dans la figure T de la version
suivante de l'*Ars*, l'*Ars demonstrativa*.

1. « Celui qui veut chercher dans un homme stupidité, sottise et manque de sagesse, il
faut qu'il remarque s'il s'agit d'un homme qui fait la différence entre une sensualité et une
autre, ou s'il fait la différence entre une sensualité et une intellectualité, ou s'il sait faire
différence entre une intellectualité et une autre; parce que les hommes qui sont grossiers
et sottes ne font aucune différence entre sensualité et intellectualité, et ils ne font pas de
différence entre les sensualités qui sont diverses en nature et en propriétés, et encore ils ne
font pas de différence entre les intellectualités diverses et contraires qui ont des qualités
et des propriétés diverses ». On voit comme l'*Ars* organise le discours préalable du *Livre
de contemplation* : ce paragraphe va se condenser dans le sommet « *differentia* » de la
figure T.

un moyen entre deux extrémités; la fin peut signifier à son tour achèvement (*finis terminationis*), fin de privation ou de perfection[1].

4) Supériorité, égalité et infériorité sont des signifiés tout aussi importants. La confrontation, par exemple, de la bonté divine avec la bonté de la créature signifie supériorité dans l'une et infériorité dans l'autre. On tire ainsi des significations une série de *conditions* que celui qui cherche la vérité doit avoir présentes pour son enquête : par exemple, qu'il faut toujours attribuer à Dieu des qualités positives en un degré *supérieur*; ou bien, qu'il faut toujours attribuer *concordance* aux vertus divines, sans aucune *contrariété* entre elles. Tout énoncé qui contredit ces conditions sera faux.

5) L'objectif est d'identifier les signifiés d'affirmation, de négation et de doute (dernier triangle de la figure). Tant l'affirmation que le doute ou la négation peuvent s'appliquer à l'étant, au non-étant, ou au possible et l'impossible (voilà les termes qui accompagnent les principes de ce triangle : voir la figure). Si les signifiés de possibilité et d'impossibilité que reçoit l'entendement sont identiques, il s'installe le doute, « parce que quand les choses possibles ne signifient pas avec plus de force les choses qui sont que celles privées d'être, ni ne donnent un signifié plus grand des choses privées d'être que de celles qui en ont, alors l'homme tombe dans le doute en ce que les possibilités offrent un signifié identique à la fois des choses qui sont et de celles privées d'être[2] ». Pour

1. Nous pouvons raporter bien des exemples de la présence notable des principes de ce triangle dans le *Livre de contemplation*, et de l'étendue de leurs significations dans la démonstration; un suffira. Les significations de « principe, moyen et fin » qu'offrent les créatures démontrent qu'elles sont crées, donc qu'il y a un Créateur : « Ainsi, en manifestant les choses sensibles à nos yeux qu'elles ont principe, moyen et fin, et en manifestant qu'elles ont passion quant au corps, on révèle et on signifie qu'il y a un créateur qui les a crées, car en ce qu'elles sont finies, elles ne sont pas dignes d'être sans commencement » (*Llibre de contemplació en Déu*, chap. 169, § 30 : « Enaixí mostrant-se les sensualitats als nostres ulls que elles han començament e fi e mitjà, e mostrant-se que elles han passió en quant lo cors, per açò és revelat e significat que és creador qui ha creades les sensualitats, car pus que són fenides no són dignes d'ésser sens començament »).

2. *Llibre de contemplació en Déu*, chap. 173, § 19 : « Car com les coses possívols no són significants més les coses essents que les coses privades, ni no donen major significat de les coses privades que de les coses essents, adoncs cau en home dubte per ço car les possivolitats donen egual significat de les coses essents e de les coses privades ». On identifie clairement les termes du sommet « *dubitatio* » du dernier « triangle » de la figure T de l'*Ars* : *dubitatio entis, dubitatio non entis* et *dubitatio possibilis et impossibilis*. Bien

résoudre le doute, il faut chercher d'abord les signifiés qui mènent à l'affirmation de la possibilité et, si à travers la démonstration ils s'avèrent non seulement possibles, mais encore nécessaires, il faudra nier les signifiés contraires.

La figure des signifiés ou figure T devient ainsi un des instruments capitaux de l'*Ars*, à côté de la figure A ou des dignités divines. Mais entre la figure A et la figure T nous trouvons encore une autre figure, représentée par la lettre S[1]. Elle fait référence à l'acteur de la recherche de la vérité : l'âme rationnelle ; plus exactement, les actes des trois puissances de l'âme, la mémoire, l'entendement et la volonté.

Cette figure est formée par quatre carrés représentant les diverses situations psychiques appropriées à la recherche de la vérité : 1) la mémoire se souvenant, l'entendement comprenant et la volonté aimant (des actes psychiques qui doivent s'appliquer à la vérité et à la vertu) ; 2) la mémoire se souvenant, l'entendement comprenant et la volonté haïssant (des actes psychiques qui doivent s'appliquer à la fausseté et au vice) ; 3) la mémoire oubliant, l'entendement ignorant et la volonté aimant ou haïssant (situation représentant une âme qui ignore et, en conséquence, affirme ou nie par un acte purement fidéiste de la volonté) ; et 4) le « chaos » du doute qui rompt l'ordre des trois carrés antérieurs et en fait un autre où les actes de la mémoire, de l'entendement et de la volonté n'agissent pas de façon coordonnée, mais indépendante.

---

d'autres passages du *Livre de contemplation* contiennent les autres principes de ce même triangle, ainsi que de toute la figure T (et des autres figures de l'*Ars*!).

1. L'attribution des lettres de l'alphabet aux principes et aux figures est arbitraire. Si la lettre A représente la première figure, les seize lettres de B à R sont réservées aux seize dignités et aux seize principes de la figure suivante, qui sera donc nommée avec la lettre qui suit dans la liste : S. Nous avons tout de même suivi un autre ordre tout en décrivant la troisième figure (T) après la première (A) ; et cela pour des raisons de clarté dans l'exposition. En tout cas, l'ordre des figures varie dans les textes référés à la première version de l'*Ars*, et Lulle va placer parfois la figure T à côté de la figure A. Une preuve des hésitations de l'auteur à cet égard se trouve dans le fait que, quand la figure S disparaîtra dans l'*Ars* ternaire, les figures A et T vont subsister avec leur nom propre. Voir J. E. Rubio, « L'evolució de les figures A, S, T de l'Art quaternària en el trànsit cap a l'Art ternària », *Taula* 37 (2002), p. 83-98.

Voilà les trois figures principales de l'Ars dans les premières versions[1]. Il en reste encore deux, la figure V (des vertus et des vices) et la figure X (de la prédestination ou des opposés relatifs). Les deux lettres qui complètent l'alphabet latin, Y et Z représentent, respectivement, la vérité et la fausseté[2].

Ces figures sont placées au début du texte des premières versions de l'Ars et son rôle est éminemment mnémotechnique : elles sont une aide pour se souvenir des principes. Les figures, à elles seules, ne constituent pas l'Ars, mais seulement le premier pas pour l'apprendre. L'Ars comme méthode suit une démarche qui implique une sorte de « mise en fonctionnement » de cette structure, à première vue statique, dessinée par la distribution ordonnée des principes en figures. On peut présenter de façon résumée – et d'emblée peut-être trop simple – le fonctionnement de l'Ars comme suit : les puissances de l'âme rationnelle opèrent une recherche ordonnée à travers les combinaisons des principes des figures (notamment de la figure A : les dignités divines) avec l'aide des principes relationnels de la figure T, pour y découvrir une série de « conditions ». « Conditions » est le nom que Lulle donne à des énoncés tirés de la présentation discursive des significations de

1. On pourrait y ajouter la « figure élémentale », qui a pour principes les quatre éléments de la nature (feu, air, eau, terre), mais qui dans l'Ars compendiosa inveniendi veritatem apparaît comme une figure auxiliaire de la T, en ce que le rôle que l'auteur lui attribue est d'exposer les processus naturels de la matière (la combinatoire élémentale, les relations de concordance ou de contrariété entre les qualités des éléments, etc) comme des signifiés « métaphoriques » aidant à la compréhension des réalités intellectuelles et, enfin, de la réalité divine. Voir F. Yates, « The Art of Ramon Lull (An Approach to it through Lull's Theory of the Elements) », Journal of the Warburg and Courtauld Institutes 17 (1954), p. 115-173 (réédité en catalan dans Id., Assaigs sobre Ramon Llull, Barcelona, Empúries, 1985, p. 29-120); R. D. F. Pring-Mill, « The Analogical Structure of the Lullian Art », dans S. M. Stern, A. Hourani, V. Brown (éd.), Islamic Philosophy and the Classical Tradition. Essays presented to Richard Walzer on his seventieth birthday, Oxford, Cassirer cop., 1972, p. 315-326 (réédité en catalan dans Id., Estudis sobre Ramon Llull, op. cit., p. 241-252).

2. Pour une description détaillée des figures de l'Ars compendiosa inveniendi veritatem, cf. J. E. Rubio, Les bases del pensament de Ramon Llull, València-Barcelona, Institut Interuniversitari de Filologia Valenciana-Publicacions de l'Abadia de Montserrat, 1997. Pour une explication plus détaillée de l'Ars et de son évolution, Id., « Thought : The Art », dans A. Fidora, J. E. Rubio (éd.), Raimundus Lullus. An Introduction to his Life, Works and Thought, op. cit., p. 243-310. Voir aussi A. Bonner, The Art and Logic of Ramon Llull. A User's Guide, Leiden-Boston, Brill, 2007.

chaque combinaison de principes, une sorte d'exégèse des relations significatives qui en dérivent. Ces conditions seront le support de la démonstration[1].

Voilà la description du fondement de l'Ars dans sa première version d'après Lulle même ; on voit l'importance qu'il attache à la figure des significations (figure T) comme instrument avec lequel les puissances de l'âme rationnelle (figure S) opèrent la recherche :

> Conséquemment cette *Ars* demande que la S (*i.e., les actes des puissances de l'âme rationnelle*) se mette à l'épreuve et se vérifie dans les chambres de la T (*i.e., dans les principes de la figure des significations*), et dans cette ou ces chambres elle pourra avoir connaissance de A V X Y Z (*i e., des dignités divines, des vertus et des vices, de la prédestination, de la vérité et de la fausseté*) ; parce qu'il appartient à la nature des chambres de la T de signifier à la S les A V X Y Z, si la S entre dans l'ordre dans les chambres de la T ; et la S est ordonnée par nature aussi dans les combinaisons des actes de ses puissances (*in suis speciebus*) autant que dans ces actes isolés (*et in suis individuis*) de façon à recevoir ce que la T lui signifie à propos de A V X Y Z. Observe que tout comme la S est une figure commune dans cette *Ars*, de même la T y est une figure commune, car la S ne peut pas rechercher ni traiter l'*Ars*

---

1. Le lecteur trouvera un exemple d'où naissent ces conditions dans le passage du *Livre de contemplation* reporté *supra*, correspondant au chapitre 234 : « Votre infinité donne comme signifié que votre grandeur est plus grande et meilleure que nulle autre grandeur ; car votre infinité signifie, Seigneur, qu'elle-même est sans quantité et sans commencement et sans fin, et signifie, pour les autres grandeurs créées, quantité, fin et commencement ». Maintenant, avec les figures A et T devant les yeux, on peu saisir tout le caractère « précurseur » de l'*Ars* de ce texte : aux dignités divines « Infinité » et « Grandeur » (une combinaison binaire tirée de la figure A) on applique les triangles « supériorité-égalité-infériorité » et « principe-moyen-fin » de la figure T. Dans ce dernier, il faut prendre le terme « principe » dans le sens de « *principium quantitatis* » (voir le sommet correspondant du triangle dans la figure). Le résultat de cette application est une série de « conditions » dérivées des significations des dignités : (1) la grandeur divine est plus grande et meilleure que nulle autre grandeur ; parce que (2) l'infinité divine est sans quantité et sans commencement et sans fin ; ce qui signifie que (3) les grandeurs créées ont quantité et commencement et fin. Ce que nous trouverons dans l'*Ars* est une systématisation de ce mécanisme : dans l'*Ars demonstrativa* on va appliquer rigoureusement tous les triangles de la figure T aux combinaisons binaires de la figure A pour en tirer les conditions (on y reviendra dans le chapitre suivant). C'est la combinatoire comme fondement qui apporte une construction organique et le surplus nécessaire pour que le matériel du *Livre de contemplation* devienne l'*Ars*.

sans la T, et la T ne peut pas signifier les A V X Y Z sans la S, parce que cette *Ars* prescrit qu'on sache concorder la S avec la T en signifiant et en recherchant les A V X Y Z[1].

Voilà très résumé et condensé l'essence de l'*Ars* : une *contemplation* ordonnée et systématique des signifiés à partir des principes de ces figures. Évidemment, s'y ajouteront des complications croissantes sur cette base, mais elle sera toujours présente comme fondement de l'*Ars*. Dans l'*Ars*, l'aspect mécanique dérive de la « forme et manière », comme le dit Lulle dans la *Vita coaetanea* : dans la montagne de Randa il a reçu, comme par une illumination, la façon de structurer avec un ordre, d'organiser tout ce qui était déjà présent dans le *Livre de contemplation*. Mais cette formalisation qui prend corps dans un langage particulier et dans une présentation visuelle des contenus si caractéristique (figures, formes géométriques, lettres...) ne doit pas nous cacher le fond du discours : une contemplation des signifiés partagés dans la réalité créée et divine aboutissant à l'expression verbale des contenus de la foi chrétienne, une expression extérieure (missionnaire,

---

1. *Ars compendiosa inveniendi veritatem*, MOG I, VII, p. 3 (p. 435) : « Unde haec ars exigit, quod S in cameris ipsius T tentet et probet se ipsum, in qua vel in quibus cameris ipsius T poterit cognitionem habere de A V X Y Z ; quia de natura camerarum T est, quod ipsi S, si ordinate intret in illas, significent ipsa A V X Y Z ; et ipsum S est a natura ordinatum in suis speciebus et in suis individuis, quod recipiat hoc, quod T ei significat de A V X Y Z. Nota, quod, sicut S est figura communis in hac arte, sic similiter T est figura communis eidem arti ; quoniam S non potest inquirere nec tractare de arte sine T, nec T potest significare de A V X Y Z sine S : quare ista ars praecipit, quod homo sciat concordare S T in significando et inquirendo de A V X Y Z ». Nous avons respecté dans la traduction du passage certains éléments de l'idiolecte lullien, importants pour saisir sa proposition d'un langage particulier qui adapte pour des besoins expressifs des aspects du vocabulaire scolastique remaniés. En plus du terme « chambre » (*camera*), qui désigne les combinaisons, normalement binaires, des principes des figures, il y a un usage particulier de « *species* » et « *individuum* », tous les deux référés à la structure de la figure S : chacun des quatre carrés de la figure représente une « espèce » formée par trois « individus » : ainsi, si on jette un coup d'œil à la représentation graphique de la figure, on voit que le premier carré, délimité par les lettres B C D E, est formé par trois actes des puissances (B : *memoria recolens* ; C : *intellectus intelligens* ; D : *voluntas amans*) qui sont recueillis par la lettre E représentant l'actuation coordonnée des trois. Ainsi donc, pour Lulle, E est une « espèce de S » sous laquelle se trouvent les trois « individus » B, C et D. Il en va de même des autres trois carrés de la figure. Cet usage métaphorique des termes est très caractéristique du langage lullien.

apologétique enfin) qui est démonstrative de cette foi au sens où
elle a pour support intellectuel une raison qui connecte de façon
significative les principes de l'être et de la connaissance. La
contemplation est donc le noyau de l'*Ars*. Dans le chapitre suivant
nous allons insister sur cet aspect de l'*Ars*, sur son but et, en
définitive, sur son essence.

*Figures A S T V X provenant de l'édition de l'*Ars compendiosa
inveniendi veritatem *de Salzinger (Mayence, 1721)*

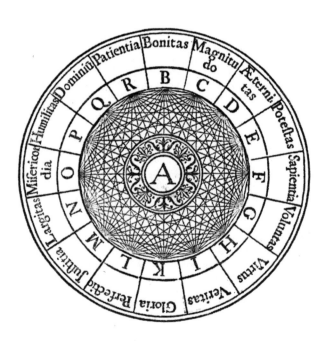

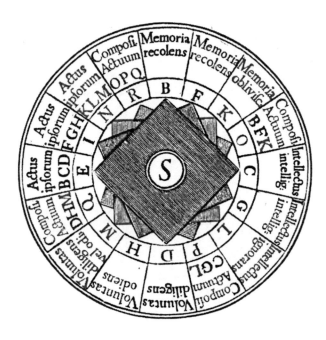

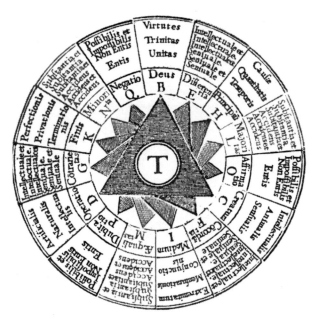

Chapitre III

LA RAISON CONTEMPLATIVE,
OU LA CONTEMPLATION RATIONNELLE
DE L'*ARS DEMONSTRATIVA*

L'Entendement et l'amour : une finalité à deux faces

Dans le chapitre précédent, nous nous sommes approchés du rôle des significations dans la construction de la méthode « artistique ». Nous avons aussi vu comment cette méthode prend une articulation, visée à s'organiser démonstrativement autour d'une série de principes, parmi lesquels les dignités divines de la figure A, le fondement de l'*Ars*, parce que c'est autour des significations des dignités que Lulle élabore ses arguments. On va le voir, c'est à partir de Dieu et de la contemplation des signifiés de ses dignités que surgit l'*Ars*. Ensuite, pour ordonner ces significations, nous avons les principes relationnels de la figure T (ceux qui font référence, dans les premières versions de l'*Ars*, aux possibilités significatives de la réalité, d'où le nom de « *figura significationum* » que Lulle lui attribue dans l'*Ars compendiosa inveniendi veritatem*), et aussi les actes des puissances de l'âme rationnelle (mémoire, entendement, volonté), représentés par la figure S.

Ces principes, et d'autres encore, sont présentés sous forme de figures ; non seulement de figures circulaires comme celles que nous avons vues, ou éventuellement quadrangulaires (comme la figure élémentaire), mais aussi sous la forme de figures qui montrent les combinaisons binaires de ces principes. Il s'agit là d'un type de

« figures triangulaires », importantes pour établir les « chambres » binaires avec lesquelles on va opérer la démonstration. C'est dans l'*Ars demonstrativa*, texte qui complète et perfectionne la présentation de l'*Ars compendiosa inveniendi veritatem*, que ces figures dérivées des figures principales sont développées de façon systématique. On les nomme les « deuxièmes figures », et elles montrent les combinaisons binaires des principes qui forment les « premières figures ». Dans le cas de la figure A, la « deuxième figure » contient les 120 combinaisons binaires possibles des 16 dignités. Chaque combinaison est nommée « chambre » (lat. *camera*) :

Tout cet « apparat » des figures, des combinaisons et, surtout, des lettres insérées dans le discours de l'*Ars*, a fourni une image prototypique de cette méthode, stimulée par la lecture de l'*Ars* comme une « *mathesis* universelle », une lecture faite à l'époque moderne. Nous avons achevé le précédent chapitre avec la mise en question de cette idée de l'*Ars*, tout en disant que c'est plutôt la contemplation qui est à la base de la méthode, une méthode qui, comme nous l'avons vu, surgit du *Livre de contemplation*. Il s'agit maintenant d'avancer un peu plus dans la considération de la relation entre contemplation et raison dans l'*Ars*, et pour ce faire il nous faudra d'abord écouter ce que Lulle même, l'auteur, nous dit à propos de la finalité de sa méthode.

Prenons, par exemple, ces vers du *Chant de Raymond* :

> J'ai trouvé un nouveau savoir.
> Par lui on peut connaître la vérité
> et abattre la fausseté.
> Sarrasins, Tartares, Juifs
> et maints égarés seront amenés au baptême
> par le savoir que Dieu m'a donné[1].

Cette sixième strophe du *Chant de Raymond* résume essentiellement le sens, l'origine et la finalité de l'*Ars* de Raymond Lulle. Il s'agit d'un « nouveau savoir », d'une science jusque là inconnue, d'origine divine, et dont le but serait la manifestation de la vérité comme voie pour la conversion des infidèles. Les sarrasins, les juifs et les gentils pourront être baptisés grâce au savoir que Dieu a donné à Raymond. L'insistance sur le caractère révélé de l'*Ars* est à mettre en relation avec la position centrale de Dieu dans la pensée et dans l'action luliennes. Dieu est au centre de l'*Ars*, car il en est, en même temps, l'origine et la fin. C'est en ce sens-là qu'il faut envisager l'*Ars* comme *donum Dei*, selon l'avertissement de Jordi Gayà que nous avons déjà cité, et qui mettait l'accent sur l'effort rigoureux et intensif qu'implique la contemplation[2]. La révélation que Lulle décrit dans la *Vita coaetanea* comme une illumination divine vécue au sommet de la montagne de Randa à Majorque naît de la contemplation, mais,

---

1. *Chant de Raymond*, dans Raymonde Lulle, *Anthologie poétique*. Introduction et traduction par A. Llinarès, Paris, Les Éditions du Cerf, 1998, p. 150. Le texte catalan est comme suit : « Novell saber hai atrobat ; / pot n'hom conèixer veritat / e destruir la falsetat. / Sarraïns seran batejat, / tartres, jueus e mant errat, / per lo saber que Déus m'ha dat », Ramon Llull, *Cant de Ramon*, dans *Obres Essencials*, vol. I, Barcelona, Ed. Selecta, 1957, p. 1301-1302.

2. On se souvient du passage : « À partir du récit de la *Vita coaetanea* et d'autres textes de Lulle-même, on admettait que l'*Ars* lulienne était un don du ciel, et donc que Lulle méritait le titre de "Docteur Illuminé". Mais cette opinion n'était pas bien fondée. Le récit de la *Vita coaetanea* ne présente pas la découverte de l'*Ars* comme quelque chose qui advient soudain ; bien au contraire, le fait est précédé de neuf années d'étude et, après, de quelques jours d'intense contemplation extatique ». Voir J. Gayà, « Introducció », dans Ramon Llull, *Darrer llibre sobre la conquesta de Terra Santa*, *op. cit.*, p. 42.

en même temps, la méthode qui résulte de cette révélation, est un
« art » de contempler, c'est-à-dire une méthode au service de la
connaissance et de l'adoration de Dieu.

Revenons sur les vers du *Chant de Raymond*. Une lecture
séquentielle y découvre deux finalités explicites de l'*Ars* : une
finalité épistémologique (connaître la vérité, détruire la fausseté)
et une finalité missionnaire (la conversion au christianisme des
infidèles et des hérétiques). Mais il ne faut pas oublier les impli-
cations du vers qui clôt la strophe, le principe, le moyen et la fin
de l'*Ars*, le point autour duquel s'articule tout le discours et qui
unifie ces deux finalités dans un seul but : Dieu. Si l'épistémologie
est au service de la mission, les deux finalités sont des voies pour
accomplir la première intention comme justification dernière de
l'*Ars* : connaitre, aimer et servir Dieu[1].

Une mystique pour l'entendement

En effet, quand Lulle se réfère à son *Ars*, il explicite toujours
ces deux dimensions qui font de la méthode un double instrument à
l'usage aussi bien épistémologique que missionnaire. Mais le cadre
de la première intention unifie dans un seul ensemble ce qui peut
sembler à première vue une orientation multiple. Quant à l'intention
explicite de l'auteur, l'*Ars* sert en dernier terme comme instrument
pour avoir une pleine connaissance de Dieu, une connaissance qui
est en plus amour, car, comment peut-on bien connaître Dieu sans
l'aimer dans l'acte même de la connaissance ? Ainsi la mystique
lullienne, souvent très controversée, doit être comprise à partir de
cette double dimension, où la connaissance et l'amour sont deux
faces inséparables d'un même acte contemplatif. La mystique
lullienne ne sépare pas ces deux actes, celui de l'intellect et celui de
la volonté, la compréhension et l'amour. Bien que dans l'expression
métaphorique de l'amour de Dieu ils apparaissent comme s'ils

---

1. Le concept de « première intention » est une des plus réitérées dans l'œuvre de
Lulle. Il fait référence à la cause finale qui justifie l'existence d'une réalité. Dans le cas
de l'être humain, c'est connaître, aimer et servir Dieu. Il fait aussi l'objet d'une œuvre
spécifique : Ramon Llull, *Llibre d'intenció*, éd. M. I. Ripoll Perelló, NEORL XII, Palma,
Patronat Ramon Llull, 2013.

étaient deux moments successifs dans un itinéraire linéaire, nous sommes au contraire face à une circularité dans laquelle connaître *est* aimer, et l'amour à son tour désire une connaissance chaque fois plus grande de l'objet aimé. Seul l'oubli peut briser le cercle dans lequel intellect et volonté se nourrissent mutuellement.

Il est important de s'arrêter sur cette question, qui est directement en relation avec le sujet qui nous intéresse : le caractère de l'*Ars*. Jetons un coup d'œil au *Livre d'Ami et Aimé*, un des textes considérés comme la quintessence de la littérature mystique lullienne, une sorte de bréviaire pour les ermites composé de petites pièces en prose poétique pleines de métaphores qui servent à la contemplation de Dieu. La contemplation y joue donc un rôle important. Elle est menée à terme par l'action coordonnée et méthodique des trois puissances de l'âme rationnelle, mémoire, intellect et volonté, de sorte que contempler Dieu est l'aimer (acte de la volonté), et l'aimer est le comprendre à travers une intellection qui a besoin de la mémoire.

Voilà ce qui exprime le fragment ou verset numéro 132 : « On demanda à l'Ami d'où naît l'Amour, de quoi il vit, pourquoi il meurt. L'Ami répondit que l'Amour naît du souvenir, vit d'intelligence et meurt par oubli[1] ». La mémoire est nécessaire pour alimenter le processus circulaire continué d'action-réaction joué par les deux autres puissances ; et bien que l'intellect parvienne à arriver le premier dans la course vers l'objet de la contemplation, ce n'est que pour ouvrir le chemin à la volonté, une volonté grandie par l'action de l'intelligence et qui est le véritable protagoniste de l'amour qui unit l'Ami et l'Aimé. Dans le verset numéro 19, l'Entendement et la Volonté, personnifiés, participent à une sorte de course : « L'Ami demanda à l'entendement et à la volonté lequel des deux était le plus près de son Aimé. Tous deux coururent et l'entendement parvint à l'Aimé plus tôt que la volonté[2] ». Mais c'est la volonté,

---

1. Raymond Lulle, *Blaquerne*, trad. P. Gifreu, Monaco, Éditions du Rocher, 2007, p. 445. Le texte catalan original est comme suit : « Demanaren a l'amich de què nexia amor ni de què vivia ni per què muria. Respòs l'amich que amors nexia de remembrament e vivia de intel.ligència e muria per ublidament », Ramon Llull, *Llibre d'amic i amat*. éd. A. Soler i Llopart, Barcelona, Barcino, 1995, p. 11.

2. *Ibid.*, p. 424 : « Demanà l'amich a l'enteniment e a la volentat qual era pus prop a son amat. E corregren amdós e fo ans l'enteniment a son amat que la volentat » (verset 19).

l'amour, qui se renforcent grâce à cette proximité de l'entendement à l'Aimé, et c'est pour cela qu'elle ordonne à l'entendement, qu'elle agit comme la maîtresse qui tient les rênes : « La volonté de l'Ami voulut s'élever très haut pour aimer davantage son Aimé et elle ordonna à l'entendement de s'élever de toutes ses forces; l'entendement l'ordonna à la mémoire, et tous trois s'élevèrent à la contemplation de l'Aimé en ses honneurs[1] ». Il y a ici une sorte de gradation des puissances. La volonté, en tous cas, et c'est cela ce qu'il faut remarquer, a besoin de l'action de l'entendement pour accomplir son propre acte d'amour. Ainsi, dans le *Livre de contemplation*, nous lisons : « Donc, comme la meilleure sagesse qu'on peut avoir, Seigneur, est de vous connaître par des raisons nécessaires, la volonté vous aime davantage quand l'entendement vous comprend par des raisons nécessaires[2] ».

Une philosophie pour l'amour

Si dans le *Livre d'Ami et Aimé* on trouve la présence de la dimension intellectuelle comme inséparable de l'amour, on peut alors soupçonner que le rôle principal joué sans aucun doute par la raison dans l'*Ars* sera, à son tour, dirigé vers la même finalité contemplative exprimée par la formulation répétée de la première intention comme connaissance et amour de Dieu. Bien que Lulle distingue méthodologiquement entre une « philosophie d'entendement » et une « philosophie d'amour », toutes deux ne

---

1. *Ibid.*, p. 461 : « Volch pujar molt altament la volentat de l'amich per ço que molt amàs son amat. E manà a l'enteniment que puyàs a tot son poder; e l'enteniment ho manà al remembrament. E tots iii puyaren contemplar l'amat en sos honraments » (verset 219).

2. *Llibre de contemplació en Déu*, chap. 302, § 27 : « On, com la mellor saviea que hom pusca haver, Sényer, sia conéixer vós per raons necessàries, per açò la volentat ama més vós on pus l'enteniment vos entén per raons necessàries ». Cette dimension spéculative fait de la mystique lullienne un cas à part, en ce que le nécessaire maintien de la différentiation entre le sujet et l'objet de l'amour-connaissance implique un « refus de l'identification » de l'Ami et l'Aimée. Voir L. Sala-Molins, « Le refus de l'identification dans la mystique lullienne », *Estudios Lulianos* 9 (1965), p. 39-53, 181-192. Pour la mystique lullienne voir Id., *La philosophie de l'amour chez Raymond Lulle*, Paris-La Haye, Mouton, 1974; M. Romano, « "Valde delectabilia fuerunt amico verba sui amati". La mistica nell'*Ars amativa* di Raimondo Lullo », *Studi Medievali* XLV, 2 (2004), p. 753-770; A. Vega, *Ramon Llull y el secreto de la vida*, Madrid, Siruela, 2002 (traduction anglaise : Id., *Ramon Llull and the Secret of Life*, New York, The Crossroad Publishing Company, 2003).

sont que des manifestations d'une seule action dirigée vers la cause finale de toutes les actions. On apprend bien à connaître, reconnaît Lulle, mais on n'apprend pas si bien à aimer, bien que la connaissance soit une composante de l'amour. C'est pour cela qu'il écrit, à côté de l'*Ars inventiva veritatis*, une *Ars amativa boni* complémentaire; celle-ci n'oublie pas l'entendement, de la même façon que dans une médaille on ne peut séparer les deux faces. Ainsi, dans le prologue de l'*Ars amativa boni*, on lit :

> Mais, tout ainsi comme la science reçoit sa dénomination de l'intellect, l'aimance également reçoit la sienne de la volonté; certes, l'aimance sans la science est imparfaite, de même que l'est la science sans l'aimance. Pour cela, nous prenons les principes et la méthode de l'*Ars inventiva* et les appliquons à cette *Ars amativa* tout en transférant de la science à l'aimance une façon d'aimer semblable à celle de connaître, afin qu'on puisse artificiellement connaître l'aimance moyennant la science et aimer la science moyennant l'aimance (...). Par cette *Ars* on peut donc acquérir les deux, c'est-à-dire, atteindre la science par l'aimance et l'aimance par la science, entremêlées d'après la manière de procéder de l'aimance[1].

À nouveau, dans le prologue de l'*Arbre de Philosophie d'Amour*, l'auteur dramatise l'oubli de l'amour par ceux qui s'appliquent à l'étude de la philosophie par des voies purement rationnelles. « Étant à Paris avec l'intention d'y faire un grand bien par manière de savoir et ne réussissant point à accomplir son projet, Raymond songea à faire grand bien par manière d'amour. Et à cette fin il se proposa d'écrire cet *Arbre de Philosophie d'Amour*[2] ». En se

---

1. *Ars amatiua boni* éd. M. Romano, ROL XXIX (Corpus Christianorum-Continuatio Mediaeualis CLXXXIII), Turnhout, Brepols, 2004, p. 120-121 : « Nam, sicut sub intellectu suum sumit scientia titulum, sic intitulatur amantia sub uoluntate; amantia quidem sine scientia, et e contrario, defectiua consistit. Propter hoc ad hanc *Artem amatiuam* principia et modum *Artis inuentiuae* sumimus, similem modum amandi sicut sciendi de scientia in amantia transferrentes, ut artificialiter per scientiam amantiam cognoscere et per amantiam scientiam diligere ualeamus (...). Per hanc enim Artem utrumque istorum haberi potest, uidelicet ut per amantiam scientia et per scientiam amantia consequatur, alia mixta in alia secundum huius amantiae processum ».

2. Raymond Lulle, *L'Arbre de Philosophie d'Amour, Le Livre de l'Ami et de l'Aimé, et Choix de textes philosophiques et mystiques*, trad. fr. L. Sala-Molins, « Bibliothèque Philosophique », Paris, Aubier-Montaigne, 1967, p. 205. Le texte catalan original dit :

promenant dans un bois, il trouve une dame qui pleure : c'est la
Philosophie d'Amour, qui se plaint parce que sa sœur, Philosophie
de Savoir, a beaucoup plus de serviteurs qu'elle. Elle explique à
Lulle les causes de cet oubli :

> Voici pourquoi ma sœur a plus de serviteurs que moi : lorsque
> les hommes commencent à apprendre les sciences, c'est grâce à
> moi qu'ils commencent à aimer le savoir ; et dès qu'ils savent les
> sciences, ils en aiment la philosophie ; et ils en ont composé bien
> des livres et bien des arts : leurs délices sont dans l'amour des
> sciences et non dans mon amour et dans celui de ma philosophie
> d'aimer, qui est propre à mon essence et à ma nature. Ainsi,
> lorsqu'ils veulent aimer, ils ne savent aimer ni moi ni mes
> conditions aussi bien qu'ils savent comprendre la vérité des choses
> qu'ils apprennent. Il en est ainsi parce qu'ils demeurent longtemps
> dans l'étude des sciences de l'entendement et de la vérité, et non
> dans celle des sciences de l'amour et de la bonté. Or cela est une
> injustice et un péché contre moi, et la cause d'un grand dommage
> pour beaucoup d'amoureux du savoir, car plus ils savent sans
> m'aimer et sans aimer le bien, plus ils ont de moyens pour faire le
> mal, pour tromper et se trahir les uns les autres[1].

Malgré l'avertissement de l'auteur, la critique a la tendance
à considérer l'*Ars* dans sa dimension purement spéculative. La
division de l'ensemble des œuvres de Lulle à partir des diverses
versions de l'*Ars* attribue une place centrale aux ouvrages qui sont
les plus proches d'une considération purement épistémologique

---

« Ramon, estant a Paris, per so que pogués fer gran be per manera de saber, lo qual
no podia aportar a fi e a compliment, consirà fer gran be per manera d'amor ; e per asò
preposà fer aquest *Arbre de Filosofia d'Amor* », Ramon Llull, *Arbre de Filosofia d'Amor*,
ORL XVIII, p. 69.

1. Raymond Lulle, *L'Arbre de Philosophie d'Amour...*, *op. cit.*, p. 206. « La ocasió per
que ma sor ha més servidors que mi, es car los homes, can comensen apendre sciencies,
comensen amar saber per mi, car sens mi no poden amar saber ; e com saben les sciencies,
amen la filosofia d'aqueles, e an-ne feyts molts libres e moltes arts ; e adeliten-se en amar
les sciencies, e no en amar mi ni ma filosofia d'amar, qui es propiament de ma essencia e
natura ; e per aisò can volen amar, no saben amar mi ni mes condicions, en tan gran virtut
com saben entendre veritat de les causes que aprenen ; e asò es per so car estan longament
en apendre sciencies d'enteniment e de veritat, e no en apendre sciencies d'amor e de
bontat. E per aisò se seguex contra mi enjuria e peccat, e gran damnatge a molts amadors
de saber ; car aitant com mais saben sens amar mi e bontat, aitant an major manera de
fer mal, e de enganar e traïr los uns los altres », Ramon Llull, *Arbre de Filosofia d'Amor*,
ORL XVIII, p. 7.

de la méthode, et ainsi l'*Ars compendiosa inveniendi veritatem* ou l'*Ars inventiva veritatis* configurent le noyau autour duquel s'articulent d'autres ouvrages placés, peut-être inconsciemment, dans une position secondaire ou « subordonnée ». Nous y avons fait référence, lorsque nous avons présenté la division en étapes de la production lullienne; une division qui est articulée à partir des ouvrages qui, dans la plainte de Dame Philosophie d'Amour, représentent la « philosophie de l'entendement ». On parle ainsi du « cycle de l'*Ars demonstrativa* », par exemple, ou des œuvres dépendantes de l'*Ars inventiva veritatis*. Pourtant, l'art d'aimer n'est ni secondaire ni subordonné à l'art de comprendre, puisqu'il s'agit de deux moments inséparables d'une seule science. L'*Ars amativa boni* est donc, pour son auteur, aussi significative que l'*Ars inventiva veritatis*, indépendamment de notre façon actuelle de gérer le corpus « artistique » de Lulle, quoique ce soit la seconde, pas la première, qui représente une étape dans l'évolution de l'œuvre lullienne.

L'aide de la morale pour trouver la vérité

Quelques exemples nous aideront à considérer cette double dimension de l'œuvre lulienne. Le prologue de l'*Ars compendiosa inveniendi veritatem*, la première version de l'*Ars*, insiste sur une finalité multiple qui incorpore même un versant moral : « et grâce à ces cinq figures (*sc. ASTVX : les figures des vertus divines, des puissances de l'âme, des significations, des vertus et des vices, et de la prédestination*) on peut trouver la vérité (*invenire veritatem*) sommairement, ainsi que contempler et connaître Dieu, et vivifier les vertus et mortifier les vices (…). Cette *Ars* enseigne aussi à poser questions, et à résoudre brièvement, par raisons nécessaires, le doute autour d'elles[1] ». « *Invenire veritatem* » est la formule la plus réitérée dans les œuvres du cycle de l'*Ars compendiosa inveniendi veritatem* pour rendre compte de la finalité de la méthode, claire-ment exposée dans le titre. Mais il s'agit, en outre, d'une formulation

---

1. *Ars compendiosa inveniendi veritatem*, MOG I, VII, p. 1 (p. 443) : « et per istas quinque figuras potest homo invenire veritatem sub compendio, et contemplari et cognoscere Deum, et vivificare virtutes, et mortificare vitia (…). Haec etiam ars docet proponere quaestiones, et necessariis rationibus earum dubitationem breviter solvere ».

complexe derrière laquelle se cachent des significations diverses. Ainsi, « *ars inventiva* » avait un signifié précis dans le contexte de la logique au xIIIᵉ siècle. Josep M. Ruiz Simon a mis en relation le caractère « inventif » de l'*Ars* lullienne avec les débats épistémologiques du xIIIᵉ siècle à propos du fondement des sciences. Selon sa thèse, l'*Ars* de Lulle se présente comme le surpassement du caractère défectif de l'« *ars inventiva* » scolastique, basée sur la topique et, pour cela, génératrice d'arguments probables, mais non démonstratifs. L'*Ars* lullienne, par contre, offrirait une topique, donc une « *inventio* », pleinement démonstrative[1]. Pour ce faire, Lulle dessine son *Ars* comme une sorte de *dialectica* au sens de discipline qui ouvre la voie à toutes les sciences, donc comme une « *ars artium*[2] ». Mais, à différence de la logique considérée comme instrument ou discipline propédeutique aux sciences, l'*Ars* de Lulle est une *scientia scientiarum* parce que tous les principes des autres sciences sont subalternés aux principes universaux de l'*Ars* ; et cela parce qu'elle n'est seulement une logique : elle est aussi, et à la fois, une métaphysique :

> En effet la métaphysique considère les choses qui sont hors de l'âme selon qu'elles conviennent en raison de l'étant ; d'autre part la logique considère les choses selon l'être qu'elles ont dans l'âme, car elle traite de certaines intentions qui suivent l'être des

---

1. *Cf.* J. M. Ruiz Simon, *L'Art de Ramon Llull i la teoria escolàstica de la ciència*, Barcelona, Quaderns Crema, 1992 (surtout p. 27-29 et p. 184 *sq.*). Cette interprétation du caractère « inventif » de l'*Ars* a été critiquée par Josep Batalla, qui nuance fortement le caractère « probable » des arguments dialectiques issus de l'« *inventio* », tout en affirmant que la logique du xIIIᵉ conférait déjà à l'« *ars inventiva* » une valeur au delà de la simple élaboration de « lieux communs ». Voir J. Batalla, « L'art lul·liana com a teologia filosòfica », *Revista de Lenguas y Literaturas Catalana, Gallega y Vasca* 15 (2010), p. 321-344 (p. 334-335). L'étude a été aussi publiée en version allemande : J. Batalla, « Die lullsche *Ars* als philosophische Theologie », *Jahrbuch für Religionsphilosophie* 9 (2010), p. 129-158.

2. L'expression « *ars artium, scientia scientiarum* » apparaît dans plusieurs auteurs et est attribuée à la dialectique, mais aussi à la métaphysique, à la théologie, etc. Pour une histoire de l'attribution de la formule, voir K. Jacobi, « *Diale<c>tica est ars artium, scientia scientiarum* », dans I. Craemer-Ruegenberg, A. Speer (éd.), *Scientia und ars im Hoch- und Spätmittelalter (Miscellanea Mediaevalia* 22/1), De Gruyter, Berlin-New York, 1994, p. 307-328. Lulle considère donc son *Ars* une « *ars artium* » qui ouvre la porte aux autres sciences ; la formule pourrait bien lui être arrivée à partir des *Summulae Logicales* de Petrus Hispanus, une œuvre qu'il connaissait parce qu'il en avait incorporé des matériaux dans son *Compendium logicae Algazelis*.

choses intelligibles, à savoir le genre, l'espèce, et autres choses semblables, et celles qui consistent dans un acte de raison, comme le syllogisme, la conséquence, et choses semblables. Mais cette *Ars*, en telle que supérieure à toutes les sciences humaines, considère l'étant également selon l'un et l'autre mode[1].

L'*Ars* lullienne, en définitive, se présente, à la différence de la dialectique simplement logique, comme une « dialectique philosophique », et c'est en ce sens qu'elle se veut à la fois démonstrative et inventive[2]. Mais il est intéressant de remarquer également qu'on assiste, chez Lulle, à une amplification du sens de cette finalité inventive essentielle de son *Ars* avec l'incorporation de certaines nuances très intéressantes. C'est dans le prologue de la *Lectura Artis compendiosae inveniendi veritatem* qu'on trouve une exposition plus détaillée du sens de la finalité de l'*Ars*. Il faut prêter attention à ce texte :

> L'intention finale de cette *Ars* est de trouver la vérité (*reperire Y*). Cette intention se divise en quatre parties : la première est aimer le bien ; la seconde est haïr le mal ; la troisième est savoir descendre, à partir de l'universel composé de SATVXYZ (*i.e.*, *les principes des figures*), à la recherche et à la découverte du particulier dans lequel nous aimons connaître la vérité ; la quatrième est qu'on fasse une démonstration nécessaire de la vérité qui dans les autres sciences n'existe que comme crédible ou probable. Cette *Ars* se développe par ces quatre intentions, mais toutes les quatre pointent vers une même fin : avoir la science de trouver la vérité[3].

1. *Introductoria Artis demonstrativae*, MOG III, II, p. 1 (p. 55) : « Metaphysica enim considerat res, quae sunt extra animam, prout conveniunt in ratione entis ; logica autem considerat res secundum esse, quod habent in anima, quia tractat de quibusdam intentionibus, quae consequuntur esse rerum intelligibilium, scilicet de genere, specie et talibus, et de iis, quae consistunt in actu rationis, scilicet de syllogismo, consequentia et talibus ; sed haec Ars tanquam suprema omnium humanarum scientiarum indifferenter respicit ens secundum istum modum et secundum illum ».

2. Pour cette caractérisation de l'*Ars* comme dialectique philosophique, voir J. M. Ruiz Simon, « "Quomodo est haec Ars inventiva ? " (L'Art de Llull i la dialèctica escolàstica) », *Studia Lulliana* 33 (1993), p. 77-98. Ruiz Simon compare cette ambition de l'*Ars* de Lulle avec le *Compendium studii theologiae* de Roger Bacon, qui se propose bâtir les fondations d'une théologie qui agit dans le domaine d'une *disputatio realis* basée sur la nature des choses, et non sur de seules *intentiones logicales* (*Ibid.*, p. 96).

3. *Lectura Artis compendiosae inveniendi veritatem*, MOG I, VIII, p. 1 (p. 483) : « Finalis intentio huius artis est reperire Y, haec autem intentio in quatuor partes dividitur,

La science de trouver la vérité a pour but précisément « *reperire Y* » (la lettre Y signifiant « vérité ») ; une finalité ou « *finalis intentio* » à caractère épistémologique, cela est bien clair. On y arrive à partir d'une méthode ordonnée d'invention du particulier qui aboutit à la démonstration nécessaire de ce qui apparaît comme probable dans les autres sciences. Ces sont la troisième et la quatrième parties de l'intention ; mais il ne faut pas oublier les deux autres parties, prioritaires dans l'énonciation, et qui vont au delà d'une dimension purement épistémologique, mais sans lesquelles on ne saurait y parvenir : aimer le bien et haïr le mal sont des conditions indispensables pour réussir dans la recherche de la vérité. L'*Ars* comme « artéfact épistémologique », à la fois inventif et démonstratif, ne fonctionne qu'avec le concours d'une « intention pure » de la part son utilisateur, nommé l'« artiste », laquelle se place tout au première rang comme présupposition nécessaire. Et cela vaut autant pour les arts de la première étape que pour celles de la dernière.

LE RÔLE DE LA « PREMIÈRE INTENTION »
DANS L'*ARS DEMONSTRATIVA*

Il est peut-être plus aisé de découvrir cette dimension psychologique de l'*Ars* (qui, au final, devient une présupposition morale : aimer les vertus et haïr les vices) dans les versions connues comme « quaternaires », c'est-à-dire celles qui sont antérieures à 1290, grâce à l'importance du rôle qu'y jouent les puissances de l'âme rationnelle, sans lesquelles rien ne semble fonctionner. C'est dans l'*Ars demonstrativa* que ce rôle central des puissances se montre le plus explicitement – mais il est fondamental pour la méthode dès le *Livre de contemplation*. La mémoire, l'entendement et la volonté doivent opérer de façon coordonnée

---

prima est bonum amare, secunda malum odire, tertia ut ex universali composito ex S.A.T. V.X.Y.Z. sciatur fieri descensus ad investigationem et inventionem particularis, in quo cognoscere diligimus Y. Quarta est, ut faciamus necessariam demonstrationem illius, quod in reliquis scientiis credibile atque probabile secundum veritatem existit ; per has enim quatuor intentiones Ars ista decurrit, haec vero quatuor ad unum finem diriguntur, videlicet ut habeatur scientia inveniendi veritatem ».

pour arriver à la vérité. Une de ces opérations prend forme dans un énoncé combinatoire récurrent tout au long de l'œuvre, auquel Lulle attribue une valeur exceptionnelle. Il s'agit de l'expression symbolique-algébrique de la première intention sous la forme de deux « chambres » ou combinaisons de lettres : [EAVY] [IVZ]. « Rappeler, comprendre et aimer (E) Dieu (A), les vertus et la vérité (VY) » (signifié de la première chambre) est accompagné de l'acte contraire mais complémentaire des mêmes puissances, « rappeler, comprendre et haïr (I) les vices et la fausseté (VZ) » (signifié de la deuxième chambre)[1]. Ils expriment tous les deux l'intention qui doit orienter la recherche opérée par l'utilisateur de l'*Ars*; aucune application de la méthode n'aura de succès sans la condition d'être supportée par ces deux conditions complémentaires. Mais, pour saisir la place que l'intention occupe dans l'Ars, il convient de se référer à la structure générale de la méthode.

La structure de l'Ars demonstrativa

L'*Ars demonstrativa* est, dans l'ensemble de l'étape quaternaire, le texte où l'organisation des contenus prend une forme plus claire. L'œuvre est structurée en quatre distinctions : I : « *de figuris* », II « *de conditionibus* », III : « *de intentione* » et IV : « *de quaestionibus* ». Le traitement de l'intention est donc réservé à la troisième distinction, mais ce sont les deux premières et la dernière qui semblent avoir en charge le poids majeur; leur contenu, en effet, offre à la vue du lecteur les éléments les plus caractéristiques de l'image de l'*Ars* : les figures géométriques avec leurs principes, les combinaisons de ceux-ci et les questions.

La première distinction de l'*Ars demonstrativa* se borne à la présentation des principes distribués en figures. Ces principes y apparaissent déjà systématiquement combinés entre eux deux à deux en formant les « chambres », des combinaisons binaires présentées moyennant les « deuxièmes figures », comme cette deuxième figure de A que nous avons reproduite plus haut. Dans

---

1. Lulle lui-même avertit que pour la compréhension de son *Ars* le lecteur doit avoir toujours sous les yeux les figures. Si on regarde la figure S, on verra clairement la valeur des lettres E et I.

la deuxième distinction, les chambres binaires qui recueillent
les combinaisons de toutes les figures sont « conditionnées » par
la figure T ; cela veut dire que sur chaque chambre on applique
systématiquement les cinq triangles de T. Par exemple : prenons la
chambre [AS]. 1) En y appliquant le premier triangle de la figure T
(*Dieu, créature, opération*) on arrive au résultat que A est créateur
et que S (l'âme rationnelle) est créature. 2) De l'application du
deuxième triangle (*différence, concordance, contrariété*) il résulte
qu'il y a une différence entre A et S, et que tous les deux sont
en concordance quand S suit la règle par laquelle A l'a crée à sa
ressemblance (autrement il y a contrariété entre les deux). 3) D'après
le triangle de *principe, moyen, fin*, l'A est le principe causal de S,
et les actes ordonnés des puissances de l'âme sont le moyen par
lequel S peut parvenir à sa fin, c'est-à-dire, à A. 4) L'application du
triangle de *supériorité, égalité, infériorité* à la chambre permet de
déduire que A est plus grand que S, donc S inférieur à A, mais en
tant que la S dure autant que la A (en ce que l'âme est immortelle),
tous les deux sont égaux en durée, afin que A puisse user de sa
miséricorde et de sa justice avec S éternellement. 5) Enfin, le
dernier triangle (*affirmation, doute, négation*) implique que, en
affirmant S dans A toute nobilité de bonté et des autres dignités, il
nie toute imperfection en A et détruit le doute[1]. Les signifiés de la
figure T ont ainsi tiré de la chambre une série d'énoncés que Lulle
nomme « conditions ». Ce « conditionnement » est appliqué dans
la deuxième distinction de l'œuvre à toutes les combinaisons des
figures, et ces combinaisons et leurs conditions sont les matériaux
avec lesquels Lulle résout les questions posées dans la quatrième
et dernière distinction.

  Figures, chambres dérivées de la combinatoire et questions sont
donc la matière première qui fournit à l'*Ars* de cette période sa
forme caractéristique, très puissante visuellement jusqu'au point
de contribuer à la création de l'idée de l'*Ars* comme machine à
penser, comme mécanisme automatique qui peut fonctionner tout
seul : il ne serait question que de tourner les roues des figures de

---

1. *Ars demonstratiua* éd. J. E. Rubio Albarracín, ROL XXXII (Corpus Christianorum-
Continuatio Mediaeualis 213), Turnhout, Brepols, 2007, p. 76-78.

façon appropriée et d'y appliquer les conditions correspondantes pour que la réponse à n'importe quelle question soit trouvée de manière immédiate[1]. Mais il ne faut pas oublier cette troisième distinction, stratégiquement placée avant les questions et après les conditions tirées de la combinatoire des chambres; parce que l'application de celles-ci à celles-là ne saurait être effective qu'avec le concours d'une « *recta intentio* ».

La troisième distinction « *de intentione* » n'est donc pas un simple ajout à la structure de l'*Ars demonstrativa*. Elle établit comment les actes des puissances de l'âme rationnelle doivent s'adresser aux principes des autres figures pour que l'*Ars* puisse atteindre les objectifs désirés. Ces objectifs sont énoncés moyennant une liste de seize « modes », qui tous pointent, à nouveau, vers la première intention. En voilà quelques uns : rappeler, comprendre, aimer, contempler, trouver, résoudre, disputer, etc. La primauté des chambres auxquelles nous venons de faire référence ([EAVY] [IVZ]), accompagnées d'autres semblables qui décrivent le processus pour y arriver, est absolue. Ainsi, par exemple, Lulle l'affirme clairement en traitant du mode de l'« *inventio* » : « afin de chercher et de trouver le particulier sont nécessaires ces chambres : [EAVY] [IVZ] [MAVYZ], qui sont les objets avec lesquels cette *Ars* fonctionne[2] ». Et, après, il insiste sur le fait que le critère pour trouver le particulier qu'on cherche repose sur la formation des

---

1. Cette lecture « mécanique » de l'*Ars* était dominante surtout dans le lullisme de la Renaissance et du Baroque, grâce à l'interprétation du système mise en œuvre par des auteurs comme Zetzner ou Alsted. Pour un résumé de l'histoire de cette interprétation, voir A. Bonner, « El arte luliana como método, del Renacimiento a Leibniz », dans F. Domínguez, J. de Salas (éd.), *Constantes y fragmentos del pensamiento luliano. Actas del simposio sobre Ramon Llull en Trujillo, 17-20 septiembre 1994*, Tübingen, Max Niemeyer, 1996, p. 161-172.

2. *Ars demonstratiua* (ROL XXXII, p. 147) : « ad inquirendum et inveniendum particulare sunt necessariae hae camerae : [EAVY] [IVZ] [MAVYZ], quae sunt obiecta, quibus mouetur haec ars ». Le signifié des trois chambres peut se résumer, encore, dans la « première intention » : rappeler, comprendre et aimer Dieu, la vérité et les vertus. C'est le sens de la première chambre (EAVY). La deuxième est une exposition *a contrario* de cette même intention (rappeler, comprendre et haïr les vices et la fausseté), et la troisième représente le point de départ volontariste, sans l'action de l'entendement (aimer et haïr également Dieu, les vertus, les vices, la vérité et la fausseté), nécessaire pour arriver a une pleine application totale de l'intention énoncée dans les deux chambres antérieures, déjà avec un entendement qui supporte l'action de la volonté (voir le signifié des lettres E, I et M dans la représentation de la figure S).

chambres qui ont une bonne signification : « celui qui veut trouver le particulier avec cette *Ars* (...) doit s'efforcer pour former les chambres qui ont une bonne signification contre les chambres qui ont une signification mauvaise, et il doit nier tout particulier qui l'empêche de former les bonnes chambres, et affirmer tout ce qui le conduit vers elles[1] ». Les « bonnes chambres » sont celles qui expriment la « *recta intentio* » ([EAVY] [IVZ]); les chambres contraires, celles qui ont une mauvaise signification, sont [EVZ] [IAVY] : aimer les vices et la fausseté; haïr Dieu, les vertus et la vérité. Seulement les chambres contredisant ces dernières servent à trouver la vérité[2].

On comprend alors le rôle principal de ces chambres dans la résolution des questions dans la dernière distinction. Chaque question y est résolue au moyen d'une série de chambres, dont la première est toujours une chambre binaire tirée des combinaisons conditionnées dans la deuxième distinction. Cette chambre qui est à la tête de la réponse en est le noyau, et les autres chambres qui la suivent s'adressent à elle par concordance ou par contrariété : « Les conditions de n'importe quelles chambres qui se règlent dans chaque question pour la résoudre demeurent en cela : que toutes les chambres qui suivent la première s'y adressent par concordance ou par contrariété; et cette règle est applicable à toutes les questions qui sont ici présentées[3] ». Très souvent, ce sont les chambres non binaires exprimant l'intention qui accompagne la première. La

---

1. *Ibid.*, p. 147-148 : « quicumque particulare in hac arte diligit inuenire (...), nitatur cameras, quae bonam habent significationem, formare contra illas cameras, quae malam habent significationem, et deneget particularia omnia, quae eum impediunt ad formandum bonas cameras, et affirmet omnia illa, quae eum dirigunt ad formandum illas bonas cameras ».

2. Dans les citations on trouve plus concrètement l'expression « *invenire particulare* » pour se référer au but de la recherche opérée avec l'*Ars*. Comme le dit Ruiz Simon, « le particulier, objet de l'*inventio* de l'*Ars*, la vérité qu'on cherche, peut être défini du point de vue du *modus operandi* de l'*Ars* comme la conclusion ou la solution à une question proposée ». J. M. Ruiz Simon, *L'Art de Ramon Llull i la teoria escolàstica de la ciència*, *op. cit.*, p. 191-192.

3. *Ars demonstratiua* (ROL XXXII, p. 160) : « Conditiones quarumlibet camerarum, quae in qualibet quaestione ordinantur ad soluendum, existunt in hoc, uidelicet quod omnes camerae sequentes primam cameram per concordantiam aut per contrarietatem ad ipsam primam cameram dirigantur; et haec regula sequitur per omnes ibi traditas quaestiones ».

résolution doit maintenir inaltérées les conditions de la chambre principale.

La « première intention » dans la solution des questions

C'est à travers un exemple qu'on pourra voir le mieux le fonctionnement du mécanisme des questions dans l'*Ars demonstrativa*, et comment la démonstration opérée moyennant cette méthode artistique, à différence de la logique scolaire, a besoin de la dimension contemplative. Il est intéressant de confronter le traitement d'une même question disputée, bien présente dans les débats scolastiques, et de comparer comment elle est résolue dans l'*Ars* lullienne et dans une des *summae* scolastiques les plus représentatives.

Il s'agit de la question relative à l'unité de l'Intellect, déclenchée à partir des commentaires au *De Anima* d'Aristote. Les averroïstes interprètent, en accord avec le Commentateur, qu'il n'y a qu'un seul Intellect Possible commun à toute l'espèce humaine. Cette position, ainsi que d'autres tenues par les averroïstes, fut combattue par Lulle et par d'autres auteurs[1]. Il vaut la peine de prêter attention à la question suivante de l'*Ars demonstrativa* :

> On demande si n'importe quel intellect est numériquement identique à un autre.
> Solution : [VV] [SS] [AS] [ST] [YZ] [EAVY] [IVZ]

---

1. Pour la relation de Lulle avec les averroïstes parisiens, voir R. Imbach, « Lulle, face aux Averroïstes parisiens », *Cahiers de Fanjeaux* 22 (1987), p. 261-282. L'ambiance intellectuelle parisienne où Lulle mène sa campagne antiaverroïste est profusement décrit par H. Riedlinger dans la « *Introductio generalis* » à *Raimundi Lulli Opera Latina, Tomus V, 154-155, opera Parisiensia anno MCCCIX composita* (ROL V, p. 1-160). Voir aussi H. Riedlinger, « Ramon Llull und Averroes nach dem "Liber reprobationis aliquorum errorum Averrois" », dans C. P. Mayer, W. Eckermann (éd.), *Scientia Agustiniana (Festschrift für P. Dr. theol. Dr. phil. Adolar Zumkeller OSA zum 60. Geburtstag),* Würzburg, Augustinus-Verlag, 1975, p. 184-199. Les dernières publications de Constantin Teleanu offrent également un traitement exhaustif de la question : C. Teleanu, *Magister Raymundus Lull. La propédeutique de l'*Ars Raymundi *dans les Facultés de Paris*, Paris, Schola Lulliana, 2014 ; Id., *Philosophia Conversionis. La querelle des Facultés de Paris selon Raymond Lulle*, Paris, Schola Lulliana, 2014 ; Id., *Raymundista et Averroista. La réfutation des erreurs averroïstes chez Raymond Lulle*, Paris, Schola Lulliana, 2014.

La première chambre signifie dans la sixième et la septième que dans la seconde le triangle vert (*sc.*, *de différence, concordance, contrariété*) est désigné par les quatrième et cinquième chambres ; autrement il s'ensuivrait que les troisième et cinquième chambres seraient détruites en ce que A (*sc. Dieu*) serait sans justice, et il n'y aurait pas de diversité et de contrariété dans la cinquième chambre, ce qui est impossible. Et ainsi G (*sc. l'entendement qui comprend*) comprend cette solution selon ce qu'on a dit[1].

Le lecteur ne doit pas se laisser tromper par l'apparence de difficulté inhérente au discours lullien. Le texte, qui n'est qu'une explication des significations qu'on peut tirer des chambres qui forment la solution, développe une argumentation simple en son essence. On voit que cette solution est formée par sept chambres, dont les deux dernières sont celles que nous venons de commenter comme les chambres représentatives de la « *recta intentio* ». D'après la règle que Lulle a énoncée, toutes les chambres s'adressent à la première, qui est [VV], et ainsi on contemple le signifié de la première chambre à la lumière des suivantes. En ce cas, elle représente la différence entre les vertus et les vices : si on jette un coup d'œil à la figure V, on verra qu'elle recueille les vertus et les vices sous la même lettre V, qui a donc une valeur double.

Pour comprendre le texte de la solution, il faut également tenir compte de ce que représentent les six autres chambres :

[SS] est la pluralité des âmes intellectives.

[AS] représente les conditions tirées de cette chambre formée par Dieu et l'âme, et qui dans la seconde distinction s'explicitent, comme d'habitude, à partir de l'application des cinq triangles de T à la chambre (nous en avons reproduit quelques-unes plus haut : Dieu est créateur de l'âme et celle-ci est donc une créature, etc.).

[ST] représente l'application des principes de la figure T à l'âme, notamment ceux de différence, concordance et contrariété,

1. *Ars demonstratiua* (ROL XXXII, p. 173-174) : « Quaeritur : Vtrum quilibet intellectus sit cum altero idem numero. Solutio : [VV] [SS] [AS] [ST] [YZ] [EAVY] [IVZ]. Camera prima significat in sexta et septima camera, quod in secunda camera est triangulus uiridis designatus per quartam et quintam cameram ; alioquin sequeretur, quod destructae forent tertia et quinta camera, eo quia A esset sine iustitia, neque in quinta camera essent diuersitas et contrarietas, quod est impossibile. Et ideo G intelligit hanc solutionem, prout praedictum est ».

le triangle qui en ce cas concret peut servir à la solution de la question, car il s'agit de découvrir s'il y a ou s'il n'y a pas une *différence* numérique entre les âmes intellectives.

[YZ] représente la vérité et la fausseté, et toutes les relations significatives établies entre les deux, toujours à partir de l'application de la figure T : comment il y a entre elles des relations de différence, concordance ou contrariété, de supériorité, infériorité ou égalité, etc.

[EAVY] [IVZ], on l'a vu, représentent la première intention : rappeler, comprendre et aimer Dieu, les vertus et la vérité, et haïr le vice et la fausseté.

Le texte de la solution exprime donc que la différence entre les vices et les vertus (première chambre : [VV]) signifie dans l'accomplissement de la première intention, raison d'être de l'homme, que la pluralité des âmes (seconde chambre : [SS]) dérive des signifiés de « différence », car autrement on détruiraient les conditions de la chambre [AS] : Dieu ne serait pas le créateur et l'âme la créature, et Dieu ne serait pas supérieur à sa créature en ce qu'il ne pourrait pas la juger, et il perdrait la vertu de la justice (« *eo quia A esset sine iustitia* »), et on détruirait également la cinquième chambre ([YZ] : on détruirait la différence et la contrariété entre la vérité et la fausseté : « *neque in quinta camera essent diuersitas et contrarietas* »).

Enfin, le résultat est qu'il y a une différence numérique entre les âmes rationnelles, car autrement on détruirait la différence entre les vertus et les vices et entre la vérité et la fausseté ([YZ], la cinquième chambre), et le maintien de la première intention n'aurait plus de sens, parce que Dieu ne serait pas supérieur à sa créature en ce qu'Il ne pourrait pas la juger, et alors on serait en train de nier la justice divine. Aucune signification des dignités divines ne doit être niée (c'est la règle d'or de l'*Ars*). L'affirmation de l'unité de l'intellect nie la justice divine, car Dieu ne pourrait pas juger les âmes individuelles en accord avec leurs actes moraux (vertus et vices, [VV]). *Ergo* cette affirmation doit pour Lulle, en accord avec le fonctionnement de l'*Ars*, s'avérer automatiquement fausse. Et cela de façon « démonstrative » !

Voilà l'argumentation cachée derrière le discours à apparence algébrique. Une argumentation qui se fonde sur le maintien de la primauté des significations des dignités divines. C'est la contemplation de Dieu – c'est la mémoire, l'entendement et l'amour de Dieu – la condition qui permet de bâtir une telle méthode qui fait appel à la raison, mais aussi à une vision partagée de Dieu, commune aux trois religions du livre. C'est encore dans le domaine de l'apologétique qu'il faut comprendre la spécificité de l'*Ars demonstrativa*.

À comparer cette solution que l'on vient de commenter avec le traitement de la même question disputée chez Saint Thomas d'Aquin dans son *De unitate intellectus contra Averroistas*. Bien sûr, le Docteur Angélique fait aussi référence, dans le *Prooemium* du traité, à la conséquence que l'unité de l'intellect aurait d'annuler les rétributions dans l'Au-Delà. Il écrit : « Ôtez aux hommes toute diversité d'intellect – lui qui, seul de toutes les parties de l'âme, s'avère incorruptible et immortel –, et il s'ensuivra qu'après la mort rien ne restera des âmes humaines que l'unique substance d'un seul intellect ; vous supprimerez ainsi la répartition des récompenses et des peines et jusqu'à la différence qui les distingue[1] ». L'argumentation de Saint Thomas part de la même problématique éthique dont Lulle fait le centre de la question à partir de la prééminence de la première intention ; mais elle se développe dans un dialogue avec les autorités, à commencer par celle d'Aristote, et par l'analyse des interprétations de la doctrine du *De Anima* chez des auteurs comme Thémistius, Avicenne, Algazel, etc, parmi d'autres qu'il cite. Il y a là un dialogue avec les auteurs qui prétend aboutir à la réfutation logique des positions des adversaires. Rien d'un tel dialogue chez Lulle, pour qui les autorités ne jouent aucun rôle dans l'*Ars*.

---

1. *Thomas d'Aquin contre Averroès. L'unité de l'intellect contre les averroïstes* suivi de *Textes contre Averroès* antérieures à 1270 ; trad. fr. A. de Libera, Paris, Flammarion, 1994, p. 79. Le texte latin est comme suit : « Subtracta enim ab hominibus diversitate intellectus, qui solus inter animae partes incorruptibilis et immortalis apparet, sequitur post mortem nihil de animabus hominum remanere nisi unicam intellectus substantiam ; et sic tollitur retributio praemiorum et poenarum et diversitas eorundem », Sancti Thomae Aquinatis *Tractatus de unitate intellectus contra averroistas*. Editio critica. Leo W. Keeler, S. I., Romae, apud aedes Pont. Universitatis Gregorianae, 1957, p. 2.

L'argumentation suit dans les deux cas des voies complètement différentes. Chez Saint Tomas, on commence par discuter la définition aristotélicienne de l'âme; si l'intellect est une partie de cette âme unie au corps comme forme; quelle est la nature de l'intellect possible; sa place dans l'individu; enfin, dans le quatrième chapitre de son opuscule, il expose les raisons par lesquelles il considère impossible l'existence d'un seul intellect commun a tous les hommes[1]. Face à l'exhaustivité thomiste dans la présentation et l'analyse logique de chaque opinion à propos de la question, on a vu que pour Lulle elle se trouve résolue en quatre lignes exprimant le sens de sept chambres de son *Ars*. Tout se passe ici à l'intérieur de ce système auto-référentiel, qualifié par Bonner comme « autorité alternative » (mais en fait il s'agit non pas de présenter une autorité alternative, mais de se passer de toute autorité dans une sorte de « *tabula rasa* » de la tradition)[2]. C'est pour cela qu'il peut être bref, compendieux; la brièveté de la méthode lullienne est possible parce que dans l'*Ars* de Lulle toutes les réponses convergent aisément dans le même point, le Dieu bon, grand, éternel, créateur et recréateur; mais à condition que celui qui pose la question prenne comme point de départ l'amour porté à ce même Dieu! Par contre, le long et précis discours thomiste joue avec les strictes règles de la logique scolaire, en faisant appel à une rationalité bien fondée sur la tradition philosophique occidentale.

CONCLUSION : UN ART POUR CONTEMPLER ET PRIER AVEC TOUTES LES PUISSANCES.

La contemplation divine s'insère donc dans l'*Ars* comme une composante intrinsèque de la méthode. Contempler Dieu c'est appliquer les puissances de l'âme aux dignités divines. C'est ainsi qu'on comprend Dieu et qu'on trouve la vérité. Contempler, c'est aussi prier. Une sorte de prière intellectuelle qui rapproche celui qui contemple de la vérité cachée derrière les apparences.

1. Pour un commentaire exhaustif de cette œuvre de Saint Thomas, voir A. de Libera, *L'Unité de l'intellect. Commentaire du* De unitate intellectus contra averroistas *de Thomas d'Aquin*, Paris, Vrin, 2004.
2. A. Bonner, « L'Art lulliana com a autoritat alternativa », *Studia Lulliana* 33 (1993), p. 15-32.

La dernière distinction du *Livre de contemplation en Dieu* (chapitres 315-365) est dédiée à la prière. Lulle y insiste en tout moment sur l'équivalence entre les deux concepts, contemplation et prière. Curieusement, c'est la partie du livre la plus compliquée, la plus difficile, celle qui exige du lecteur un effort majeur de l'entendement. C'est aussi celle qui ressemble le plus au discours formel de l'*Ars* : substitution des concepts par des lettres de l'alphabet, combinatoire systématique de ces concepts, etc. Il ne faut donc pas s'étonner si Lulle rapproche l'usage épistémologique de son *Ars* d'une sorte d'ascèse vitale qui entraîne vers une vie moralement réglée et sainte ; il fait même de la vie moralement irréprochable (à nouveau servir Dieu et les vertus, la « première intention ») une condition sans laquelle l'artiste ne saurait parvenir au but de trouver la vérité. Si la vertu est un « *habitus* », de même la sagesse illumine presque instantanément l'artiste qui s'est habitué à l'exercice de l'*Ars* accompagné d'une vie morale droite :

> De même qu'en l'homme vertueux est inhérent l'habitus qui l'incline à agir avec rectitude de façon quasiment subite et sans recours à une opération de la raison, de même ceux qui sont exercés dans cette *Ars*, menant une vie sainte, reçoivent en plus la lumière de la sagesse par laquelle on sait immédiatement l'application de la raison ou des raisons qui conviennent au propos, et on démontre grâce à cette même lumière si on conclut bien et véridiquement, comme s'il survenait à la fois le jugement de la vérité et son raisonnement[1].

---

1. Ramon Llull, *Introductoria Artis demonstrativae*, MOG III, II, p. 21 (p. 75) : « Sicut enim virtuoso inest habitus inclinans ad recte agendum quasi subito et sine discursu rationis, ita exercitatis per hanc Artem ducentibus sanctam vitam additur lumen sapientiae, per quod statim scitur applicatio rationis aut rationum ad propositum, et eodem lumine demonstratur, utrum bene concludatur et verum concludatur, et quasi simul occurrunt judicium veritatis et ratio veritatis ». Encore, dans cette même œuvre, l'auteur mentionne explicitement la chambre représentant la première intention comme condition fondamentale, aussi que la contemplation de Dieu et de ses attributs, pour acquérir la perfection dans l'usage de l'*Ars* : « Mais la maîtrise [de cette *Ars*] arrive plus vit qu'on ne le croit si on s'y applique avec effort et si on pratique souvent cette chambre et ses parties : [EAVY], c'est à dire, si on contemple souvent A et ses chambres [*Dieu et ses dignités*] » (*Ibid.*, 34 : 88 : « citius tamen venit homini perfectio illius, quam credit, si apponit diligentiam et multum se exercitat circa hanc cameram [E.A.V.Y.] et partes ejus, frequenter contemplando A. et suas cameras »). La contemplation de Dieu et l'exercice de la vertu sont des conditions nécessaires pour la maîtrise de l'*Ars* lullienne de trouver la vérité.

La contemplation et la prière sont le fondement de l'art de trouver la vérité. Et il ne faut pas penser que cette affirmation n'est valable que pour les premières versions de l'*Ars* lullienne, ou que les transformations de la méthode supposent un dénouement progressif de sa dimension contemplative à faveur d'une considération purement logique. La contemplation occupe un lieu remarquable même dans l'*Ars generalis ultima*, une œuvre qui semble avoir, à première vue, une finalité plutôt épistémologique, dénouée du poids religieux qui pesait à l'origine du système. Ainsi, par exemple, dans la section des « cents formes », la forme numéro 99 est *oratio*. Elle se place dans une position saillante, à la fin de la section, accompagnée de *memoria*, dernière des cent formes et compagne indispensable de la contemplation. Toutes les formes antérieures y sont ainsi en quelque sorte incorporées. Lulle écrit : « Toi qui pries, aide-toi de ce qui est dit dans les *Cent formes* et applique-toi tantôt à une forme, tantôt à une autre, et applique chaque forme aux principes et aux règles ; de cette manière tu auras un grand sujet pour trouver beaucoup de nouvelles prières[1] ». L'activité intellectuelle déclenchée par la méthode artistique semble être identifiée à la prière : en fait, ce que Lulle propose est de contempler les combinaisons des principes et de convertir en prières les énoncés que l'entendement a compris ; ces prières ne seront en définitive qu'une énonciation à haute voix, avec Dieu comme interlocuteur, des propositions logiques tirées de l'*Ars*. Il est aussi intéressant de remarquer à cet égard que, tout au long de la section « *de oratione* », l'identificaction entre *oratio* et *contemplatio* est constante.

Par exemple : la contemplation intellectuelle (donc œuvre de la mémoire et de l'entendement, mais aussi de la volonté ou amour) de la combinaison B C dans l'*Ars generalis ultima*, référée à la première figure (les principes donc de « *bonitas* » et « *magnitudo* »), porte à une prière, qui n'est qu'une expression verbale explicite du résultat de la recherche intellectuelle opérée avec l'*Ars*, qui commence ainsi : « Ô Seigneur Dieu, bon et magnifique ! Puisque ta très haute

1. *Ars generalis ultima* (ROL XIV, p. 390-391) : « Orator, adiuua te cum hoc, quod dictum est in *Centum formis*, discurrendo unam formam, et postmodum aliam, et discurre quamlibet formam per principia et regulas. Et sic habebis magnum subiectum ad inueniendum multas nouas orationes ».

bonté et grandeur ont en toi une très haute concordance... [1] ». Et ce qui suit n'est donc que le discours « artistique » sur les principes transformé en prière.

D'autres œuvres, qui ne sont peut-être pas aussi connues que les grandes versions de l'*Ars*, suivent la même constante qui consiste à mélanger contemplation et raisonnement philosophique dans un tout. Les *Orationes et contemplationes intellectus*, par exemple [2]. L'auteur y dégage des arguments à partir de la contemplation des dignités divines, dans un style dialogué où les puissances de l'âme rationnelle personnifiées sont les protagonistes. De la même façon, le *Liber de compendiosa contemplatione* se compose d'une série d'arguments démonstratifs de la Trinité et de l'Incarnation à partir des dignités divines [3]. Il s'agit, en fait, d'un traité d'application de la logique à la démonstration de la foi, mais présenté sous forme de contemplation ; et ce, parce que, pour Lulle, l'activité intellectuelle fait toujours partie de l'activité contemplative. On peut dire qu'il contemple quand il fait des syllogismes.

---

1. *Ars generalis ultima* (ROL XIV, p. 388).

2. *Orationes et contemplationes intellectus*, éd. J. Medina, ROL XXXIII (Corpus Christianorum-Continuatio Mediaeualis 215), Turnhout, Brepols, 2009, p. 563-601.

3. *Liber de compendiosa contemplatione*, éd. J. Stöhr, ROL I, Palma de Mallorca, 1959, p. 69-86.

CHAPITRE IV

LE NOUVEAU « LANGAGE COMMUN » DE L'*ARS* SELON L'*INTRODUCTORIA ARTIS DEMONSTRATIVAE*

Le contenu des chapitres précédents nous offre une esquisse des lignes générales qui dessinent l'*Ars* de Raymond Lulle, sans aucune intention d'en faire une description détaillée (déjà disponible dans des manuels divers)[1]. On a voulu plutôt s'approcher des préoccupations de l'auteur qui expliquent certains traits du caractère particulier de la méthode. D'abord, la réflexion initiale sur la valeur et les limites du langage : comment une forme d'expression sensible peut-elle transmettre des significations intellectuelles ? La gestion ordonnée de ces significations à partir de la structure du réel est un autre des piliers qui soutiennent l'édifice de l'*Ars* dès sa première ébauche dans le *Livre de contemplation*. L'objectif est d'arriver à une démonstration de la foi à partir d'une définition de Dieu par ses dignités ou qualités, valable comme point de départ commun aux chrétien, juifs et musulmans. Cette démonstration rationnelle a aussi une composante contemplative présente dans l'action coordonnée des trois puissances de l'âme, en ce que la compréhension de Dieu a besoin de l'amour et que, à l'inverse, l'amour se soutient sur l'intelligence de la divinité. La prééminence de la « première intention », même dans le mécanisme démonstratif

---

1. J. E. Rubio, *Les bases del pensament de Ramon Llull. Els orígens de l'Art lul·liana*, València-Barcelona, Institut Interuniversitari de Filologia Valenciana-Publicacions de l'Abadia de Montserrat, 1997 ; *Id.*, « Thought : The Art », dans A. Fidora, J. E. Rubio (éd.), *Raimundus Lullus. An Introduction to his Life, Works and Thought, op. cit.*, p. 243-311 ; A. Bonner, *The Art and Logic of Ramon Llull. A User's Guide*, Leiden-Boston, Brill, 2007.

des questions dans l'*Ars demonstrativa*, est une preuve que l'*Ars* ne saurait fonctionner sans une visée vers Dieu qui implique, elle aussi, une attitude morale correcte.

Avec ces conditions, la composante contemplative de l'*Ars* peut même stimuler la rapidité de son apprentissage, selon son auteur. À cheval sur une méthode pour trouver la vérité (qui se veut supérieure à la logique scolaire) et une *ars* mystique pour contempler Dieu, l'*Ars* lullienne est pensée pour acquérir de façon rapide et avec le minimum de principes une connaissance qui a quelque chose du caractère illuminé que Lulle attribue à son origine : une illumination qui est le résultat de l'effort intellectuel accompagné d'une dévotion sincère. Rappeler, comprendre et aimer Dieu, les vertus et la vérité (la fameuse « chambre » [EAVY]) est le noyau de l'*Ars demonstrativa* et la formulation la plus claire, pour Lulle, du but de l'existence humaine, pleinement atteignable avec le concours de son œuvre.

L'*Ars demonstrativa* se trouve placée en un point d'inflexion critique au sein du corpus lullien. Nous l'avons vu : elle est la version de la méthode artistique qui culmine l'étape nommée « quaternaire », donc qui porte jusqu'à la limite le façonnage propre à cette étape et ouvre le chemin à une révision qui va aboutir à un nouvel arrangement de la méthode à l'étape suivante. Une des causes de cette révision peut résider dans l'effort infructueux pour présenter dans les milieux universitaires de Paris ce nouveau système. Lulle a réussi à faire des lectures publiques de son *Ars* à l'Université en l'année 1289, grâce au soutien du chancelier Berthaud de Saint-Denis; mais on sait que l'accueil n'a été que froid, et que l'*Ars* n'a trouvé ni la compréhension ni l'approbation que son auteur attendait afin de promouvoir la mission à partir de ses travaux[1].

Autour de l'*Ars demonstrativa* il y a donc comme une sorte de constellation d'ouvrages qui servent à expliquer, commenter et donner les clés pour un « usage » correct de la méthode; ils seront plutôt adressés au public universitaire pour le convaincre de la nécessité de l'*Ars* et de sa valeur, surtout face à la méthode

---

1. F. Domínguez, J. Gayà, « Life », dans A. Fidora, J. E. Rubio (éd.), *Raimundus Lullus. An Introduction to his Life, Works and Thought*, *op. cit.*, p. 63.

scolastique. Un de ces ouvrages, peu connu, est l'*Introductoria Artis demonstrativae*, dont nous avons déjà cité quelques passages. Ce texte offre une information précise et précieuse sur la conception que son auteur avait de l'*Ars* comme un langage nouveau permettant, à ceux qui le dominent, de connaître la vérité et de la communiquer de façon plus rapide et avec moins de paroles qu'on ne le fait moyennant le discours des écoles. Il est intéressant de s'arrêter maintenant à son contenu.

DES ANALOGIES ENTRE L'*ARS* ET LA LANGUE

Vers la fin de l'*Introductoria Artis demonstrativae* l'auteur consacre tout un petit chapitre à conseiller le lecteur contre le découragement dont il peut être saisi en étudiant l'*Ars*. Le titre est bien éloquent : chapitre XXXVII, « *De exhortatione contra desperationem habendi hanc Artem* ». Le texte de cette « exhortation » exhortant l'usager de l'*Ars* à ne pas abandonner l'entreprise de son étude est connu de plusieurs éditeurs de l'œuvre latine de Raymond Lulle, parce que pendant des dizaines d'années le Dr. Fernando Domínguez, ancien responsable de l'édition des *Raimundi Lulli Opera Latina* au *Raimundus Lullus Institut* de l'Université de Fribourg en Allemagne, en faisait cadeau au nouvel arrivé, sous forme de copie agrandie disposée pour être encadrée et accrochée au mur de l'étude. Sa lecture devait animer l'éditeur à continuer la tâche dans les moments de découragement qui, assurément, surviendraient au cours du travail, avec un texte assez étrange dans le contexte de la littérature scolastique contemporaine. Il n'est pas question ici de lui donner un tel usage ; mais son contenu est bien significatif de l'idée que Lulle se faisait de son *Ars* comme d'une sorte de langage, parce que les conseils qu'il contient développent des comparaisons très intéressantes entre l'apprentissage de son *Ars* et celui d'une langue ou du processus d'acquisition de l'écriture chez l'enfant. Il vaut la peine de le reproduire tout entier :

> Toi, tu qui veux apprendre cette *Ars*, ne désespère pas, même si des conditions presque infinies semblent nécessaires pour la maîtriser. Car si l'enfant savait combien de choses sont requises pour acquérir

la perfection de la science, il pourrait désespérer s'il ne voyait pas d'autres docteurs : car il voit d'abord qu'il ne peut apprendre que six ou sept lettres, tandis que, pour arriver à être parfaitement savant, il convient une infinité de choses. Mais puisqu'il y a une infinité de lettres rassemblées dans les mots et dans les lettres, cette infinité se trouve contenue virtuellement dans l'espace très réduit de l'alphabet, et ainsi, quand l'enfant perçoit après un peu de temps qu'il acquiert l'habitude de rassembler de façon appropriée les lettres et qu'il sait appliquer son attention à toute cette infinité, alors il peut vaincre ce découragement initial : parce que de même qu'il a été capable de parcourir avec succès l'infinité des lettres (en apprenant à lire), il pourra également passer à l'infinité de n'importe quelle autre science, d'abord petit à petit et en commençant par des choses très simples, pour arriver en peu de temps à dominer parfaitement la science. De même également, si tu t'es exercé dans cette *Ars*, il va t'arriver à l'esprit de façon presque instantanée ce qui te sera nécessaire, de même qu'à l'homme qui parle d'après les règles grammaticales lui advient immédiatement, sans y penser, comment il faut parler, même si chaque mot requiert ses propres règles pour parler correctement. Ainsi donc, il faut faire face à cette *Ars* de la même façon que celui qui veut dominer une langue s'y applique avec effort pendant quelque temps, par exemple une année, après quoi, s'il voit qu'il ne domine pas parfaitement la langue, il s'y applique encore pour deux, trois, quatre années ou plus ; parce que tout le monde n'arrive pas à la maîtrise parfaite si vite. Mais la maîtrise de cette *Ars* arrive plus vite qu'on ne le croit si on s'y applique avec effort et si on pratique cette chambre et ses parties : [EAVY], c'est-à-dire, si on contemple souvent A et ses chambres (*Dieu et ses dignités*) et on applique E (*la mémoire, l'entendement et l'amour*) à tout ce qui est propre à A, et on applique I (*la mémoire, l'entendement et la haine*) contre tout ce qui lui est opposé, car ainsi Dieu infuse la maîtrise de l'Ars en lui. Surtout parce que cette science s'assimile à la science divine ; laquelle, en étant unie à l'essence divine, représente toutes les choses à Dieu, et de même cette science (*l'Ars*) est représentative de tout ce qui peut tomber sous la recherche de l'homme de façon compendieuse et en peu de temps[1].

---

1. *Introductoria Artis demonstrativae.* MOG III, II, p. 33-34 (p. 87-88) : « Tu vero, quicunque cupis scire hanc Artem, non desperes, licet quasi infinita requirantur ad hanc Artem ; nam si puer sciret, quot exigantur ad perfectionem scientiae, si non videret alios

Le texte met en avant un parallélisme qui connecte l'*Ars* avec trois expériences liées à l'apprentissage et à l'usage de la langue :

a) L'acquisition de l'écriture chez l'enfant. Celui qui accède pour la première fois à l'*Ars* va se sentir comme l'enfant qui voit la quantité immense, quasi infinie, d'information écrite que maîtrisent les experts en diverses sciences, tandis qu'il ne peut reconnaître que six ou sept lettres de l'alphabet qui ne font aucun sens. Il devrait prendre en compte néanmoins que s'il arrive à apprendre la totalité des lettres (Lulle songe sans doute aux vingt-trois lettres de l'alphabet latin) il pourra former avec elles des combinaisons presque infinies de mots, de façon à disposer virtuellement d'une grande quantité d'information à partir d'un nombre très limité de ressources[1]. Il n'est pas déraisonnable de considérer que nous

doctores, posset desperare, quia videt in principio, quod non possit addiscere ultra sex aut septem literas, et tamen conveniat infinita concurrere ad hoc, ut perfecte sit doctus ; sed cum sint conjunctiones infinitarum literarum in verbis et literis, quorum infinitas in modico continetur virtualiter, scilicet in alphabeto, et puer postea infra breve tempus videt, se habere habitum, per quem omnia ista scit conjungere, et ad illam totam infinitatem se extendere, potest tunc minus desperare hoc habito, quod hoc advertat ; quia sicut transivit hanc infinitatem, ita poterit transire omnem infinitatem aliarum scientiarum, primo a paucis et quasi nullius momenti incipiens, et postea brevi tempore ad perfectionem perveniens, ita etiam cum fueris exercitatus in hac Arte, quasi subito tibi occurret, quod tibi fuerit necessarium, sicut homini loquenti secundum grammaticam subito occurrit, quomodo sit loquendum, licet quodlibet verbum exigat suas regulas, secundum quas convenit loqui : sicut igitur homo, qui perfecte vult scire aliquam linguam, apponit suam diligentiam per aliquod tempus determinatum, ut per annum vel sic, in quo si viderit, quod non perfecte habeat linguam, apponit annum secundum, tertium et quartum et etiam plures, ita et hic est faciendum ; nam non omnes ita cito veniunt ad ejus perfectionem ; citius tamen venit homini perfectio illius, quam credit, si apponit diligentiam, et multum se exercitat circa hanc cameram [E.A.V.Y.] et partes ejus, frequenter contemplando A. et suas cameras, ponendo E. in iis, quae sunt ipsius A., et I. contra ea, quae illi repugnant, quia Deus infundet eam illi ; maxime enim haec scientia assimilatur scientiae divinae, quae cum sit unita essentiae divinae, omnia ipsi Deo repraesentat, ita haec quodammodo est repraesentativa omnium, quae possunt cadere sub investigationem humanam brevibus et paucis ».

1. L'idée que la combinaison des lettres permet la formation d'une infinité de mots se trouve dans les *Glosae super Priscianum* de Guillaume de Conches : dans la seconde version il souligne cette capacité des lettres, « ut finitas litteras infinite coniungendo infinitas faceremus dictiones » (voir E. Pérez Rodríguez, « La doctrina de Prisciano sobre la letra según sus comentaristas del s. XII », dans M. Pérez Gonzalez, éd., *Actas III Congreso Hispánico de Latín Medieval*, vol. II, Universidad de León, 2002, p. 661-670 ; p. 664). D'autre part, dans le chapitre « De littera » des *Institutiones Grammaticae* de Priscien, les lettres se présentent comme quelque chose d'analogue aux éléments physiques : « literas autem etiam elementorum vocabulo nuncupaverunt ad similitudinem

sommes face à une référence qui met en relation de ressemblance l'écriture avec le caractère combinatoire de l'*Ars*, qui permet également d'étendre la recherche de la vérité sur n'importe quelle science à partir des combinaisons d'un nombre limité de principes universels (qui, en plus, sont représentés par des lettres).

b) La possession de ce que nous pouvons nommer, en termes actuels, une « compétence linguistique » : de même que le locuteur possédant cette compétence en une langue produit des énoncés grammaticalement corrects sans s'attarder à penser à la norme grammaticale qui les règle (et même sans en avoir une connaissance explicite), il arrive que l'usager de l'*Ars* qui s'est habitué à ses règles les a intériorisées de telle façon que le processus inventif devient plus agile, facile et fluide.

c) Le domaine d'une langue étrangère. Quiconque a étudié une langue étrangère pendant des années peut se sentir identifié avec la description de Lulle : après un cours on a l'impression d'avoir beaucoup appris, mais pour arriver à maîtriser cette langue il faut encore un second cours, un troisième… Quatre années ou plus, selon le texte, seraient nécessaires, en fonction de la capacité de chaque personne, pour qu'elle arrive à dominer la langue. D'après Lulle, le même exercice diligent est essentiel pour maîtriser son *Ars* : dans les deux cas, il s'agit d'une progression qui requiert du temps, de l'effort et du dévouement. Néanmoins, l'objectif de la découverte de la vérité qui est propre à la démarche de l'*Ars* peut arriver avec plus de facilité et de rapidité si l'étudiant a une attitude morale correcte et tient compte de la dimension contemplative de sa recherche.

mundi elementorum » (éd. M. Hertz, vol. I, Leipzig, Teubner, 1855, p. 6). Si la combinatoire des lettres dans l'*Ars* est donc bâtie sur le modèle de la combinatoire élémentaire (idée provenant des études de F. Yates), il ne faut pas donc nier la possibilité d'une référence grammaticale dans l'arrière-plan, tout à fait compatible. Sur l'analogie élémentaire dans l'*Ars*, voir F. Yates, « The Art of Ramon Llull. An approach to it through Llull's theory of the elements », *Journal of the Warburg and Courtald Institutes* 17 (1954), p. 115-173 (version en catalan dans Id., *Assaigs sobre Ramon Llull*, Barcelona, Empúries, 1985, p. 29-120). Sur les commentaires au passage « De littera » en rapport avec le « de voce » des *Institutiones* de Priscien, voir A. Grondeux, I. Rosier-Catach, « Sur la nature catégorielle de la *vox* au XIIᵉ siècle. Trois versions des *Glosulae in Priscianum* », *Archives d'Histoire Doctrinale et Littéraire du Moyen Âge* 78 (2011), p. 259-333.

Ces trois expériences expriment de façon analogique le caractère progressif de l'apprentissage de l'*Ars*, ce que Lulle répète à plusieurs reprises : d'abord, il faut apprendre par cœur l'alphabet et les principes auxquels se réfère chaque lettre, et les combiner moyennant les figures (a). On apprend ensuite à déterminer les questions moyennant les chambres résultantes de la combinatoire, et cela à travers un processus réglé (b). Finalement, la pratique continuée de ce procédé, unie à un habitus vertueux, aura pour conséquence la maîtrise de l'*Ars* et son application à n'importe quelle science (c).

Dans n'importe quelle version de l'*Ars* apprendre l'alphabet est toujours le premier exercice pour y avoir accès : « Il faut savoir que ceux qui veulent connaître cette *Ars* doivent d'abord apprendre l'alphabet, afin d'être informés rapidement de ce que signifie chaque lettre dans chaque figure[1] ». Dans la troisième distinction de l'*Ars demonstrativa* on fait aussi référence, dans les instructions relatives au mode « *docere* », aux trois démarches : mémorisation de l'alphabet et des figures, apprentissage de la résolution des questions moyennant la combinatoire, et fréquentation du procédé jusqu'à ce que l'on soit capable de réduire toutes les sciences à l'*Ars*, un objectif qui est atteint plus facilement chez ceux qui ont une prédisposition naturelle de l'entendement pour la connaissance et qui l'accompagnent d'un habitus vertueux impliquant l'amour envers Dieu, à la vertu et à la vérité :

> D'abord, il faut apprendre l'alphabet qui convient aux principes de cette *Ars*, et il faut aussi connaître parfaitement les figures ; ensuite, il est nécessaire de progresser d'après l'arrangement des questions dans cette *Ars*, c'est-à-dire qu'il faut manifester de quelle façon elles peuvent être déterminées moyennant les chambres où elles sont indiquées.
>
> De même que pour apprendre l'arithmétique il convient de répéter souvent les exercices de calcul, de même, dans la figure circulaire appelée neuvième, faite de laiton ou d'autre métal, et qui recueille toutes les autres figures de cette *Ars*, il faut poser et résoudre des questions et réduire les autres sciences aux principes

---

1. *Ibid.*, p. 4 (p. 58) : « Sciendum est, quod illi, qui volunt scire hanc Artem, in principio debeant addiscere Alphabetum, ut prompte sciatur, quid quaelibet litera significet in qualibet Figura ».

de cette *Ars* à plusieurs reprises; et ainsi, à force de répéter souvent ces démarches, ceux qui ont une disposition naturelle de l'entendement, s'ils aiment d'emblée Dieu, les vertus et la vérité et haïssent les vices et la fausseté, vont apprendre et vont s'habituer facilement à cette science[1].

Ces ressemblances entre l'apprentissage de l'*Ars* et celui d'une langue nous mènent à préciser un peu plus les relations entre l'*Ars* lullienne et la grammaire. À partir de la diversité d'usages du terme « grammaire » dans l'œuvre de Lulle, Lola Badia en a identifié trois : quand Lulle parle de la grammaire, il peut se référer à la langue latine, à la normative scolaire ou ensemble de règles permettant l'apprentissage de cette langue, ou bien à une discipline théorique qui naît d'une réflexion métalinguistique à propos du langage[2]. Les seules références à ce dernier sens du terme se trouvent dans le cadre de l'application de toutes les sciences a l'*Ars*, donc insérées dans une explication sur la nature d'une grammaire dérivée de la « *scientia scientiarum* » qui est la méthode universelle lullienne.

On sait que Lulle a développé tout un programme de réforme des disciplines scolaires pour montrer comment on peut bâtir une logique, une rhétorique, une astronomie ou une médecine nouvelles, et surtout compendieuses, sur les principes de son *Ars*. En ce qui concerne les disciplines du trivium, il a écrit une *Rhetorica nova* et une *Logica nova*, mais pas une *Grammatica nova*. Cette absence est d'autant plus surprenante que le souci lullien pour le langage, nous l'avons vu, occupe une place remarquable dans la construction de sa méthode. Il se peut que l'*Ars*, elle même, soit pour son auteur une

---

1. Raimundus Lullus, *Ars demonstratiua* (ROL XXXII, p. 155) : « Primo tamen oportet addisci alphabetum, quod principiis huius artis conuenit, oportetque sciri medullitus figuras huius artis; deinde procedendum est secundum ordinationem, quam quaestiones habent in hac arte, scilicet ostendere, quomodo determinari debeant quaestiones per cameras, in quibus denotantur. Sicut frequentatio in scientia algorismi conuenit, ita in circulari figura electri siue alterius metalli, quae nona dicitur, in qua comprehenduntur figurae huius artis, conuenit frequentatio faciendi et soluendi quaestiones et reducendi alias scientias ad principia huius artis; et sic tali frequentatione discitur et habituatur haec scientia de facili ab illis, qui dispositionem habent naturalem in C G, diligente D ipsa A V Y, et H odiente V Z ».
2. L. Badia, « A propòsit de Ramon Llull i la gramàtica », dans Id., *Teoria i pràctica de la literatura en Ramon Llull*, Barcelona, Quaderns Crema, 1991, p. 173-194 (p. 175-177).

forme de grammaire supérieure qui rend superflue toute réflexion théorique autour du langage[1]. Son intention, avec la logique et la rhétorique nouvelles qui tirent leur fondement de son *Ars*, est d'offrir de nouveaux instruments pour une pratique missionnaire et apologétique, valables pour la dispute ; le langage propre à l'*Ars* joue un rôle équivalent à celui d'une grammaire orientée vers le même but pratique. Il n'y a pas chez Lulle une intention spéculative, mais une intention purement pratique au service de l'intérêt de la diffusion de ses idées[2].

Le lieu où l'on trouve une application théorique de l'*Ars* à la grammaire se place dans le bref passage de l'*Ars generalis ultima* dédié aux arts libéraux. Nous avons déjà fait référence dans le premier chapitre à cette application de l'*Ars* à la grammaire. Dans le cadre d'une réduction de toutes les *artes* à son *Ars magna*, Lulle expose quels sont les principes universels d'où on peut tirer les parties de la grammaire. Il parle de neuf « modes » dans lesquels on peut diviser la grammaire[3] : les huit parties de l'oraison, le cas, la conjugaison, la déclinaison, le genre, le régime, la construction, l'orthographie et la figure. Pour donner un exemple que le lecteur puisse comprendre facilement à partir de tout ce que nous avons exposé jusqu'à ici : les principes du triangle de la figure T « principum medium finis » sont des principes universels. Le mode de la

---

1. En ce sens, il est intéressant de relever l'hypothèse énoncée par Platzeck, d'après laquelle le nom d'*Ars maior* renvoie à l'œuvre de Donat : E. W. Platzeck, « Descubrimiento y esencia del Arte del Beato Ramon Llull », *Estudios Lulianos* 8 (1964), p. 137-154 (p. 141-142).

2. Voir les précisions de Michela Pereira sur l'aspect linguistique de l'*Ars* de Lulle comme une forme de « théologie vernaculaire » : M. Pereira, « Comunicare la verità : Ramon Llull e la filosofia en volgare », dans A. Alberni, L. Badia, L. Cifuentes, A. Fidora (éd.), *El saber i les llengües vernacles a l'època de Llull i Eiximenis. Estudis ICREA sobre vernacularització*, Barcelona, Publicacions de l'Abadia de Montserrat, 2012, p. 21-44. Il n'est pas question d'exprimer le contenu dans une langue quelconque, que ce soit la langue maternelle ou le latin, mais d'entendre l'*Ars* comme « langue commune » : « le dispositif linguistique lullien semble répondre donc, plus qu'à une différentiation géographique entre régional et universel, à une différentiation structurelle entre l'*Ars* comme "langage de la réalité" ("langue commune" en sens prégnant) et les langues humaines dans lesquelles ce langage peut être exprimé de façon plus ou moins "artificieuse" » (*Ibid.*, p. 38).

3. Rien à voir avec les *modi* de la grammaire spéculative ; l'utilisation de ce terme n'indique probablement qu'une « marque superficielle de compétence technique. Comme celui qui a acquis quelques notions approximatives de grammaire générative et utilise de façon nécessairement imprécise l'expression "structure profonde" » (L. Badia, « A propòsit de Ramon Llull i la gramàtica », *op. cit.*, p. 192).

construction peut être réduit à ces principes. Qui veut donc réduire
cette partie de la grammaire à ses principes universels doit se fixer
dans ce triangle :

> La construction est impliquée dans le triangle de principe, moyen
> et fin en raison de l'ordre normal. En effet, le principe se place
> avant le moyen et avant la fin de façon naturelle (…). De même,
> dans la construction le suppôt est placé devant, et l'appôt est placé
> après, comme quand on dit « Pierre court »[1].

On peut considérer que nous sommes face à un exposé
analogique qui met en connexion la grammaire et l'*Ars*[2]. En effet,
les formules comparatives du type « *sicut* » sont présentes tout
au long du discours sur l'application de l'*Ars generalis ultima* à
la grammaire ; nous venons de trouver un recours semblable dans
les citations de l'*Introductoria Artis demonstrativae* qui mettent
en relation l'apprentissage et la maîtrise de l'*Ars* et des langues.
Mais dans le cas de l'*Ars generalis ultima* il y a quelque chose
de plus, quelque chose qui est vraiment important. Plus que d'une
simple ressemblance entre deux *artes*, nous sommes, dans le cas de
l'application de l'*Ars* à la grammaire, devant une sorte de traduction,
de translation qui place la grammaire sous l'*Ars* en réduisant ses
contenus à des principes simples, universels et communs à d'autres
sciences : les principes de l'*Ars*. C'est Lola Badia qui a parlé pour la
première fois de « traduction » pour rendre compte de l'application
de l'*Ars* aux disciplines : il s'agit de les réécrire à partir des
principes plus simples de la méthode lullienne[3]. Dans le cas de
la grammaire, cette application est certainement secondaire en
comparaison avec l'opération équivalente de traduction artistique
effectuée sur la rhétorique, la logique ou l'astronomie. Elle n'occupe
que les trois pages correspondantes de l'*Ars generalis ultima*. Mais
par contre, les ressemblances de type plus général entre l'*Ars* et

---

1. Raimundus Lullus *Ars generalis ultima*, *op. cit.*, p. 369 : « Constructio implicatur
in triangulo principii, medii et finis ratione ordinis debiti. Principium enim prius est
medio et fine secundum uiam naturae (…). Sic quidem et in constructione suppositum
praeponitur, et appositum posponitur. Vt cum dicitur : Petrus currit ».
2. C'est l'idée d'E. Pistolesi : « L'ordre de la réalité auquel Lulle reconduit les *modi* de
la grammaire dans l'*Ars generalis ultima* est fondé sur l'analogie (*sicut*) avec les règles de
l'*Ars* », E. Pistolesi, « La grammatica lulliana dal *trivium* all'Arte », *op. cit.*, p. 59.
3. L. Badia, « A propòsit de Ramon Llull i la gramàtica », *op. cit.*, p. 177 et 188.

certains éléments de la grammaire sont remarquables dans une œuvre comme l'*Introductoria Artis demonstrativae*.

Retournons donc à ce texte. Il est probable qu'on ne trouve que dans peu d'œuvres de Lulle une relation aussi claire entre le discours « artistique » et la langue, une relation de ressemblance qui dessine l'*Ars* comme une sorte de langage alternatif. Une partie de l'œuvre est dédiée à enseigner comment « écrire » l'*Ars* : notamment le chapitre XXI, « *De modo scribendi in hac Arte et de expositione terminorum universalis figurae* ». Nous avons déjà fait référence aux complications notatoires que l'auteur y présente : les lettres doivent être accompagnées d'un complexe système de signes pour pouvoir exprimer tous les concepts et leurs combinaisons dans les énoncés. Que la combinatoire, l'âme de l'*Ars*, soit à mettre en relation avec l'écriture, est une idée qu'on a vu exprimée dans le chapitre XXXVII cité auparavant; d'autres passages mettent l'accent sur la même ressemblance : combiner les lettres pour former les chambres est une forme d'écriture. Parfois, la relation est exprimée de façon subtile, comme quand Lulle explique comment faut il créer les « secondes figures », celles qui recueillent les chambres binaires. Ces chambres se forment de façon ordonnée à partir d'une figure à cercles mouvants où sont écrites les lettres de l'alphabet; le premier cercle, le plus extérieur, demeure immobile et les cercles intérieurs tournent. Dans la première position, les lettres du premier cercle fixe et du second cercle coïncident : la B du premier est sur la B du second, la C sur la C, etc. Quand on tourne d'une position le second cercle, alors la B du premier est sur la C du second, la C sur la D, etc. Ainsi, chaque nouveau mouvement produit d'autres combinaisons binaires entre les lettres. Mais, et ceci est curieux, Lulle remarque que « le tour ne se fera pas dans cette *Ars* à gauche, mais à droite, de même (*sicut*) que les hommes n'ont pas l'habitude d'écrire de droite à gauche, mais de gauche à droite[1] ». Lulle, qui connaissait l'arabe (et qui savait bien, donc, qu'il y a des hommes qui écrivent de droite à gauche !), prend ici l'écriture latine comme référence.

---

1. Raimundus Lullus, *Introductoria Artis demonstrativae*, *op. cit.*, p. 8 (p. 62) : « et circumvolutio non debet fieri versus sinistram in hac Arte, sed versus dextram, sicut nec homines solent scribere versus sinistram, sed dextram ».

LA TRADUCTION DES PROPOSITIONS
ET DES ARGUMENTS AU LANGAGE ARTISTIQUE

Mais au delà de ces ressemblances, il y a l'idée que l'*Ars* est une forme d'expression qui a ses propres règles. Les énoncés logiques ont une sorte de « structure profonde » que seul l'*Ars* peut mettre en évidence, parce que tous peuvent être exprimés en dernier recours à partir des principes relationnels universels de la figure T. Les cinq « triangles » de cette figure englobent toutes les relations logiques possibles. Lulle offre un exemple de « traduction » d'un énoncé affirmatif bien caractéristique, « *homo currit* », dans le langage de l'*Ars* ; cet énoncé signifie, en termes « artistiques », qu'il y a *concordance* ou convenance (principe de la figure T) entre le sujet et l'action du prédicat (« l'angle noir » se réfère à l'affirmation, un des principes du triangle noir de la figure T : affirmation, doute, négation) :

> Aucune oraison ne peut être énoncée sans exprimer par elle plusieurs triangles ; par exemple : si on dit « l'homme court », qu'est-ce qu'on dit d'autre, mais que le fait de courir convient à l'homme ? Ainsi, de même que dans cette oraison il y a de l'affirmation, qui correspond avec l'angle noir, il y a en elle également l'angle de concordance, même s'il n'est pas exprimé explicitement (...). Et c'est pour cela que ce qu'on exprime chez les autres comme « cela est » ou « cela n'est pas », s'énonce dans cette *Ars* comme « cela convient avec cela », ou « cela disconvient avec cela ». Aussi, quand on dit « l'home court », qu'est-ce qu'on dit d'autre, sinon que l'homme produit une telle *opération*, dans laquelle se montre clairement que l'homme en est le *principe* ? Ainsi, dans n'importe quelle proposition sont posés les triangles de cette *Ars*, quoi qu'ils ne soient pas exprimés avec leurs propres mots[1].

---

1. *Ibid.*, p. 23 (p. 77) : « Nulla oratio potest proferri, nisi plures trianguli per illam importentur ; v. g. si dicitur, homo currit, quid aliud est dicere, nisi quod cursus conveniat homini : igitur sicut in hac oratione est affirmatio, quae est angulus niger, ita in illa est angulus concordantiae, licet non exprimatur cum oratione (...) ; et ideo, quod apud alios dicitur, *hoc est*, vel *hoc non est*, hoc in hac Arte sic profertur : *hoc convenit cum hoc, vel hoc disconvenit cum hoc*. Item cum dicitur, homo currit, quid aliud est dicere, quam quod homo eliciat talem *operationem*, in qua manifeste apparet, quod homo sit *principium* talis operationis : igitur in omni dicto ponuntur trianguli hujus Artis, licet non exprimantur sub suis propriis vocabulis ».

On met en évidence ici le caractère de langage particulier de l'*Ars* dans lequel on peut « traduire » les énoncés des autres disciplines. Cette traduction est une réduction aux principes de l'*Ars*, en l'occurrence aux principes de la figure T. « Aucune science ne traite rien si elle ne le fait au moyen de cette *Ars* ou de ses termes, ou d'autres qui peuvent être réduits à ceux-là ou rappelés par ceux-là[1] ». Celui de « concordance » ou « convenance » joue un rôle particulièrement important. Les argumentations scientifiques, philosophiques ou théologiques sont susceptibles d'être réécrites en utilisant le langage de l'*Ars*, plus simple et compendieux selon Lulle. Il s'agit de réduire l'argumentation aux principes de l'*Ars*, de l'exprimer avec les termes propres aux figures, en identifiant les chambres ou combinaisons des termes qui conforment l'architecture du raisonnement. Sa vérification s'effectue à travers la *concordance*, l'accord ou la convenance de ces chambres avec les dignités divines et avec la chambre exprimant la première intention ([EAVY]), qui agit souvent comme une sorte de certification de l'exactitude de la démarche rationnelle.

Si dans l'exemple de la proposition « *homo currit* » Lulle nous a montré comment la « réduire » au langage de son *Ars*, il va nous surprendre tout de suite avec le même exercice, mais cette fois appliqué à une argumentation bien connue. Toujours dans l'*Introductoria Artis demonstrativae*, le chapitre xxxvi explique, d'après son titre, « qu'il faut s'efforcer d'argumenter selon le

---

1. *Ibid.*, p. 30 (p. 84) : « Nulla enim scientia tractat aliquid nisi per hanc Artem, aut per terminus hujus Artis, aut reducibiles ad eos, aut recordabiles per eos ». Il convient de remarquer que Lulle parle, dans l'*Ars demonstrativa*, de « principia », « termini » ou « dictiones » pour se référer aux termes qui forment les figures. Dans l'*Introductoria Artis demonstrativae* il tente de mettre ordre dans cette imprécision terminologique et ainsi, il se réfère toujours au contenu des figures avec le mot « termini ». « Principe » est un mot technique, et Lulle explique que les termes des figures peuvent fonctionner comme les principes de l'*Ars* quand ils font partie d'une chambre ou combinaison : « les chambres sont nommées parfois principes de cette *Ars*, parfois termes, parce qu'elles sont formés par un ou plusieurs termes » (*Ibid.*, p. 5, p. 59 : « hae camerae aliquando vocantur principia hujus Artis, aliquando vocantur termini, quia constant ex termino aut terminis »). Il y a donc des chambres qui ne comportent qu'un seul terme. Ces termes sont donc les principes de la démonstration en tant qu'ils font partie des chambres, lesquelles opèrent démonstrativement. À partir de l'*Ars inventiva veritatis* cette ambiguïté sera définitivement éliminée : voir J. Gayà, « Els principis de l'art lulliana i les seves definicions », *Taula* 37 (2002), p. 53-71.

mode propre à cette *Ars*, quoiqu'elle s'étende à tous les modes d'argumenter». Lulle insiste sur le fait que « tout raisonnement, fait dans toute science dans n'importe quels termes, peut être réduit à cette *Ars* ». Cette « réduction » est aussi une « traduction ». Il pose un exemple « de philosophie », un argument qu'il copie d'une source bien identifiable, quoiqu'il ne la cite pas : le chapitre XIII du premier livre de la *Somme contre les gentils* de Thomas d'Aquin. Il s'agit, en effet, du passage où Saint Thomas utilise la démonstration d'Aristote du moteur premier immobile dans la *Métaphysique* (livre XII, 7 : 1072a). Lulle reproduit littéralement le texte de Thomas d'Aquin, mais délié de son contexte de preuve de l'existence de Dieu :

> Par exemple, en philosophie on démontre le moteur séparé à partir du moteur conjoint comme suit : comme le moteur se met lui-même en mouvement par un appétit, le moteur faisant partie du mouvant doit se mettre lui-même en mouvement en raison de l'appétit de quelque chose désirable qui lui est supérieur dans le mouvoir, parce que celui qui a l'appétit est d'une certaine manière un moteur mû, et ce qui est désirable est un moteur qui n'est absolument pas mû. Il convient donc qu'il existe un premier moteur séparé absolument immobile ; parce que, s'il était mobile, il serait mû par un autre, et cet autre à son tour par un autre, et ainsi jusqu'à l'infini ; ou bien il va arriver jusqu'à quelque terme absolument immobile. Ce raisonnement est donc philosophique et bâti avec des concepts de philosophie[1].

1. Raimundus Lullus, *Introductoria Artis demonstrativae, op. cit.*, p. 33 (p. 87) : « v.g. in philosophia ex motore conjuncto demonstratur motor separatus sic : cum movens moveat se ipsum per appetitum, convenit, quod motor, qui est pars moventis, moveat se ipsum per appetitum alicujus appetibilis, quod est superius illo in movendo, nam appetitivum est quodammodo movens motum, et appetibile est movens omnino non motum : igitur convenit, motorem primum esse separatum omnino immobilem ; nam si moveretur, moveretur per aliud, et illud aliud iterum per aliud, et sic in infinitum ; aut erit deveniendum ad aliquod omnino immobile : igitur haec ratio est philosophica et ex terminis philosophiae ». La seule édition de l'*Introductoria Artis demonstrativae* dont on dispose est cette de Mayence faite au XVIIIᵉ siècle. Il faut noter que l'éditeur a tendance à introduire des variations stylistiques dans le texte des manuscrits. Dans le cas qui nous occupe, les œuvres éditées dans le volume où se trouve notre texte n'ont pas subi une révision approfondie : les éditeurs s'en excusent à la fin du tome. Le doute nous fait donc aller aux manuscrits, et un coup d'œil à quelques uns d'entre eux (les plus anciens) nous révèle que le passage cité a été subtilement modifié par l'éditeur et que le texte lullien original répond de façon absolument littéral à la source thomiste, qui est comme suit :

L'intention de Lulle est de montrer comment cette argumentation peut être exprimée à la façon de son *Ars*. En fait, l'objectif est de mettre en évidence que son *Ars* peut, de façon autonome, élaborer des argumentations « de philosophie » comme cette-ci, et avec la même force démonstrative, à partir de ses propres termes. La démonstration « artistique » de l'existence du premier moteur séparé immobile se fait comme suit : on prend trois termes des seize propres à la « figure des principes de philosophie » de l'*Ars demonstrativa* (en ce cas, trois termes qui sont en relation directe avec la question traitée : « *intelligentia* », « *motus* » et « *orbis* »); deux termes de la figure X (« *esse* » et « *perfectio* ») et leurs contraires (« *privatio* » et « *imperfectio* ») et la chambre exprimant la première intention ([EAVY]). La démarche démonstrative consiste donc à supposer l'existence du moteur immobile et à voir si la chambre [*esse perfectio*] convient (a *concordance* : principe de la figure T) avec l'être et la perfection des dignités divines de la figure A et avec [EAVY]. L'argumentation reste donc réduite à une expression extrêmement condensée : la série de chambres [*intelligentia motus orbis*] [EAVY] [XX]. Mais Lulle explique ce que « signifient » ces chambres, quoique l'expert qui arrive à maîtriser l'*Ars* devrait lui-même en extraire le signifié. Voilà le résultat, la « traduction » de l'argumentation thomiste dans les termes de l'*Ars* :

> Mais le raisonnement qu'on fait selon cette *Ars* et qui a la même force que lui doit être formé comme suit : supposer qu'il existe un moteur immobile convient avec l'être et la perfection de la chambre [EAVY] dans l'intelligence qui meut le monde; et supposer son contraire, c'est-à-dire qu'on n'arrive pas jusqu'à un moteur immobile, convient avec la privation de la magnitude dans la

« Cum enim omne movens seipsum moveatur per appetitum, oportet quod motor qui est pars moventis seipsum, moveat propter appetitum alicuius appetibilis. Quod est eo superius in movendo : nam appetens est quodammodo movens motum; appetibile autem est movens omnino non motum. Oportet igitur esse primum motorem separatum omnino immobilem, qui Deus est » (Sancti Thomae Aquinatis, *Summa contra gentiles*, I, chap. XIII. *Opera omnia iussu edita Leonis XIII*, Tomus decimus tertius, Romae, 1918, p. 33). Le déplacement du « seipsum » et la substitution du « appetens » par « appetitivum » (un terme avec résonances plus lulliennes) sont les interventions les plus remarquables de l'éditeur de l'œuvre de Lulle.

sagesse, la bonté et les autres chambres d'A, et convient aussi avec l'imperfection de la chambre sus-dite dans l'intelligence suprême, qui convient avec la réalité d'après la supposition [éd. : « secundum dispositionem »]. Et parce que, dans la chose qui convient avec la supériorité, la privation est nécessairement éloignée de l'être, il s'ensuit nécessairement que cela qui convient au maximum avec la réalité est éloigné au maximum de la privation. Donc les deux argumentations sont celle-ci : [intelligence mouvement monde] [EAVY] [XX][1].

Lulle l'avait déjà dit : ce qui est exprimé dans les argumentations usuelles comme « *hoc est* » se transforme dans son *Ars* en un argumentation du type « *hoc convenit cum hoc* ». L'*Ars* met en jeu une série complexe de correspondances qui manifestent la *concordance* ou la *contrariété* entre les principes universels auxquels on peut réduire la réalité. Les dignités divines en sont les plus élevées. Il est bien curieux que l'argumentation de la *Somme contre les gentils*, présentée comme purement philosophique et détachée de son but de preuve démonstrative de l'existence de Dieu, prenne dans sa reformulation « artistique » un tournant plus « théologique » avec la référence indispensable à Dieu et ses dignités, même si elle continue à être présentée comme purement philosophique. La validité de n'importe quel argument se mesure dans l'*Ars* à sa concordance avec l'être suprême ; et, au contraire, un argument s'avère faux s'il entre en contradiction avec les chambres de la figure A ou avec la chambre [EAVY].

Ce chapitre de l'*Introductoria Artis demonstrativae* est spéciale-ment remarquable parce qu'il nous offre un des rares moments où Lulle incorpore à son œuvre un texte d'autrui. À notre connaissance, personne n'avait encore constaté cet emprunt littéral d'une œuvre

---

1. *Ibid.* : « Sed ratio, quae fit secundum hanc Artem, et habet eandem virtutem, debet formari sic : ponere motorem immobilem convenit cum esse et perfectione istius camerae [E.A.V.Y.] in intelligentia movente orbem ; et ponere ejus oppositum, scilicet quod non sit devenire ad motorem immobilem, convenit cum privatione magnitudinis in sapientia, bonitate et caeteris cameris ipsius A, et cum imperfectione praedictae camerae in summa intelligentia conveniente cum realitate secundum suppositionem [*il faut corriger, d'après les manuscrits, le « dispositionem » de l'édition*] ; et quia in re conveniente cum majoritate privatio necessario distat ab esse, ideo necessario sequitur, quod illud, quod maxime convenit cum realitate (ut demonstravimus) maxime distet ab ea ; et hoc est impossibile : igitur utraque ratio est ista [intelligentia, motus, orbis] [E.A.V.Y.] [XX] ».

de Thomas d'Aquin, si représentative de l'intérêt apologétique de Lulle. Il est bien connu et souvent répété que Lulle ne cite aucune autorité et qu'il créé son *Ars* comme un système complètement autoréférentiel, au point de vouloir le consacrer comme une « autorité alternative[1] ». Mais pour l'offrir aux philosophes et aux théologiens comme système alternatif au système officiel, il doit le présenter en remarquant, même de façon implicite, les différences qui séparent sa proposition des textes sanctionnés par l'école. Ici la différence est explicite : on confronte deux façons d'argumenter. Celle de l'*Ars* lullienne se base sur une démonstration bâtie à partir d'une supposition qui est vérifiée par la négation de son contraire.

Pour que cette argumentation devienne démonstrative, Lulle doit considérer les deux propositions en jeu comme contradictoires. L'intérêt de Lulle pour les suppositions et pour les contradictions aboutit à la création d'un « *novus modus demonstrandi* » qui sert à démontrer les articles de la foi, un instrument pour convertir les suppositions topiques en arguments nécessaires. L'origine de cette démonstration est à trouver, précisément, dans le dialogue avec l'apologétique de Saint Thomas d'Aquin, que Lulle prend comme point de référence, mais pour la surpasser : à partir de l'idée fondamentale de l'apologétique thomiste que la réfutation des objections contre la foi est possible, Lulle avance encore un pas de plus : si on démonstre la fausseté de l'objection contre l'article on le prouve aussi démonstrativement[2]. Comme l'affirme Alexander Fidora, « derrière le nouveau mode de démonstration de Lulle se trouve le discours apologétique de Thomas (...); et ce n'est pas par hasard que dans le *Liber de convenientia fidei et intellectus in obiecto* de 1309 le majorquin place sa pensée de façon explicite

---

1. L'idée est d'Anthony Bonner : A. Bonner, « L'Art lulliana com a autoritat alternativa », *Studia Lulliana* 33 (1993), p. 15-32. Il n'identifie que trois citations dans toute l'œuvre de Lulle, souvent répétées, mais sans indication de la source : « Fides non habet meritum, cui humana ratio praebet experimentum » (Gregorius Magnus, *Homiliae in Evangelia*, 26 : *PL* 76, 1197), et deux autres tirées de la Bible : « Nisi credideritis, non intelligetis » (Is 7, 9) et « Dilige dominum Deum tuum toto corde tuo, et tota anima tua, et tota mente tua ac totis viribus tuis » (Dt 6, 5 ; Mc 12, 30 ; Lc 10, 27). Il faut encore y ajouter une autre référence biblique qu'on trouve dans le chapitre XXX de l'*Introductoria Artis demonstrativae, op. cit.*, p. 24 (p. 78) : « morieris tu, et non vives » (Is 38, 1).

2. Voir A. Fidora, « L'art de convertir allò que és probable en necessari », *Comprendre* IX (2007), p. 59-76.

dans le contexte de la *Somme contre les gentiles* de Saint Thomas d'Aquin[1] ».

Mais une citation littérale comme celle que nous venons de rapporter ne se trouve pas si facilement en d'autres endroits de l'œuvre de Lulle. Sa fonction, en plus, n'est pas celle de prendre l'auteur cité comme autorité, mais de contraster la source avec le texte lullien, qui se veut « alternatif »; non parce qu'il prétend annuler l'efficacité démonstrative du texte thomiste, mais comme une autre façon plus aisée d'exprimer la même « *virtus demonstrativa* » : Lulle affirme pour finir que les deux raisonnements sont le même, réductible – et cela est le point important – à trois chambres de son *Ars*.

Cette comparaison entre les deux façons d'exprimer une même argumentation est peut-être l'exercice le plus clair que Lulle offre à son lecteur pour exemplifier la spécificité de sa méthode. C'est une confrontation explicite entre deux formes de concevoir l'expression de la pensée, deux formes de communiquer les contenus rationnels. Celle de l'*Ars* se veut une sorte de langage commun qu'il faut apprendre, comme toute langue, pour l'utiliser comme instrument du dialogue apologétique. L'*Introductoria Artis demonstrativae*, une des œuvres la moins connue du catalogue lullien, est un texte remarquable par ses indications théoriques sur le caractère de code communicatif particulier que Lulle octroyait à son *Ars*.

Nous nous arrêterons sur ce point. Notre chemin nous a porté du souci initial de Lulle pour l'expression linguistique des contenus intellectuels à l'élaboration d'une nouvelle forme expressive pour les arguments dans les premières versions de l'*Ars*; du *Livre de contemplation* aux œuvres qui mènent la formalisation typique de l'*Ars* quaternaire à ses limites et qui ouvrent la porte à un changement des ressources expressifs lié à une nouvelle étape de l'*Ars*. L'*Ars*

---

1. A. Fidora, « L'art de convertir allò que és probable en necessari », art. cit., p. 75. Le passage du *Liber de convenientia fidei et intellectus in objecto* où Lulle cite l'œuvre de Saint Thomas est comme suit : « Iterum (beatus) Thomas de Aquino fecit unum Librum contra Gentiles, qui requirunt rationes; quia nolunt dimittere credere pro credere, sed credere pro intelligere; ipse autem in faciendo librum et rationes contra gentiles non intendebat destruere fidem, quia fuit vir sapiens et catholicus ». Raimundus Lullus, *Liber de convenientia fidei et intellectus in objecto*, MOG IV, IX, p. 2 (p. 572).

inventiva veritatis, dont nous avons commenté le prologue, est le texte qui inaugure cette nouvelle étape; on y identifie, à côté de l'abandon de la notation alphabétique comme forme d'écriture, l'invocation d'une problématique associée à la valeur significative des énoncés en fonction de l'*intentio significandi* du locuteur. L'invention de l'*affatus* comme sixième sens peut être une des conséquences de cette longue démarche qui tente de maîtriser les relations complexes existant entre la nature sensible du langage et sa connexion avec des contenus intellectuels nécessaires à être communiqués de façon claire. D'autre part, l'usage des lettres cherche à exprimer les arguments d'une façon compendieuse, rapide, simple et appropriée aux besoins démonstratifs de l'*Ars* conçue comme une sorte de « langue commune » dans laquelle on peut – et on doit – traduire les argumentations, et même les autorités, pour la doter d'une efficacité apologétique. C'est cette intentionnalité apologétique qui explique, enfin, toute cette préoccupation pour les moyens expressifs qui contribuent à doter l'*Ars* de sa forme particulière. Il n'y a pas donc chez Lulle une intention de bâtir une philosophie du langage ou une spéculation théorique autour de l'art grammatical; ses réflexions sur la langue et la formalisation de son *Ars* à partir d'analogies avec la grammaire sont des épisodes, importants sans doute, d'une action pratique orientée vers la communication efficace des contenus de la foi aux infidèles.

BIBLIOGRAPHIE

ÉDITIONS DES ŒUVRES DE LULLE

ORL : *Obres de Ramon Llull.* Ed. de Salvador Galmés *et al.* 21 vol., Palma de Mallorca, 1906-1950.

NEORL : *Nova Edició de les Obres de Ramon Llull,* Palma de Mallorca, Patronat Ramon Llull, 1991-

MOG : *Raimundi Lulli Opera Omnia.* Ed. Ivo Salzinger, vol. I-VI, IX-X, Mainz, 1721-1742 (réimpression par F. Stegmüller, Frankfurt, Minerva, 1965). (On cite d'après la pagination originale et, entre parenthèse, d'après la pagination de la réimpression).

ROL : *Raimundi Lulli Opera Latina.* vol. 1-5, Palma de Mallorca, Maioricensis Schola Lullistica, 1959-1967; vol. 6 et suivants, Turnhout, Brepols, 1975-

ÉTUDES

BATALLA J., « L'art lul·liana com a teologia filosòfica », *Revista de Lenguas y Literaturas Catalana, Gallega y Vasca,* 15 (2010), p. 321-344.

BATLLORI M., *Ramon Llull i el lul·lisme,* València, 3i4, 1993.

BONNER A. et BADIA L., *Ramon Llull. Vida, pensament i obra literària,* Barcelona, Empúries, 1988.

BONNER A., « L'Art lul·liana com a autoritat alternativa », *Studia Lulliana* 33 (1993), p. 15-32.

– *The Art and Logic of Ramon Llull. A User's Guide,* Leiden/Boston, Brill, 2007.

CARRERAS Y ARTAU T. et J., *Historia de la filosofía española. filosofía cristiana de los siglos XIII al XV,* vol. I, Madrid, Real Academia de Ciencias Exactas, Físicas y Naturales, 1939.

COLOMER E., *De la Edad Media al Renacimiento. Ramón Llull-Nicolás de Cusa-Juan Pico della Mirandola*, Barcelona, Herder, 1975.

DOMÍNGUEZ F., « Der Religionsdialog bei Raimundus Lullus. Apologetische Prämissen und kontemplative Grundlage », dans Klaus Jacobi (éd.), *Gespräche lesen. Philosophische Dialoge im Mittelalter*, Tübingen, Günter Narr Verlag, 1999, p. 263-290.

FIDORA A., et RUBIO J. E. (éd.), *Raimundus Lullus. An Introduction to his Life, Works and Thought*, Turnhout, Brepols, 2008.

FRIEDLEIN R., *Der Dialog bei Ramon Llull. Literarische Gestaltung als apologetische Strategie*, Tübingen, Niemeyer, 2004.

GAYÀ J., *La teoría luliana de los correlativos : historia de su formación conceptual*, Palma de Mallorca, 1979.

– « Significación y demostración en el *Libre de Contemplació* de Ramon Llull », dans Fernando Domínguez, Ruedi Imbach, Theodor Pindl-Büchel et Peter Walter (éd.), *Aristotelica et Lulliana magistro doctissimo Charles H. Lohr septuagesimum annum feliciter agenti dedicata*, Steenbrugge, 1995, p. 477-499.

– « La construcción de la demostración teológica en el *Libre de contemplació* de Ramon Llull », dans Margot Schmidt et Fernando Domínguez (éd.), *Von der Suche nach Gott. Helmut Riedlinger zum 75. Geburtstag*. Stuttgart-Bad Cannstatt, 1998, p. 147-171.

HAMES H., *The Art of Conversion : Christianity and Kabbalah in the Thirteenth Century*, Leiden, Brill, 2000.

HILLGARTH J., *Ramon Lull and Lullism in Fourteenth-Century France*, Oxford, Clarendon Press, 1971.

HUGHES R. D., « Speculum, Similitude, and Signification : the Incarnation as Exemplary and Proportionate Sign in the Arts of Ramon Llull », SL 45-45 (2005-2006), p. 3-37.

IMBACH R., « Lulle, face aux Averroïstes parisiens », *Raymond Lulle et le Pays d'Oc, Cahiers de Fanjeaux* 22 (1987), p. 261-282.

JOHNSTON M. D., *The Semblance of Significance : Language and Exemplarism in the "Art" of Ramon Llull. With the Text of the "Rhetorica nova" from Paris BN Ms. Lat. 6443C*, Baltimore, UMI Dissertation Services, 1978.

– « Affatus : Natural Science as Moral Theology », *Studia Lulliana* 30 (1990), p. 3-30, p. 139-159.

– *The Evangelical Rhetoric of Ramon Llull. Lay Learning and Piety in the Christian West around 1300*, New York/Oxford, 1996.

LITTRÉ E. et HAURÉAU B., « Raimond Lulle », dans *Histoire Littéraire de la France*, vol. XXIX, Paris, 1885, 1-386, 567-568.

LONGPRÉ E., « Lulle, Raymond (Le bienheureux) », dans *Dictionnaire de théologie catholique*, vol. IX/1, Paris, 1926, col. 1072-1141.

LLINARÈS A., *Raymond Lulle, philosophe de l'action*, Paris, P.U.F., 1963.

PISTOLESI E., « 'Paraula és imatge de semblança de pensa'. Natura, origine e sviluppo dell'*Affatus* lulliano », *Studia Lulliana* 36 (1996), p. 3-45.

PLATZECK E. W., *Raimund Lull. Sein Leben, seine Werke. Die Grundlagen seines Denkens (Prinzipienlehre)*, 2 vol., Düsseldorf-Rome, L. Schwann-Editiones Franciscanae, 1962-1964.

PRING-MILL R., *Estudis sobre Ramon Llull*, éd. Lola Badia et Albert Soler, Barcelona, Curial/Publicacions de l'Abadia de Montserrat, 1991.

Rubio J. E., *Les bases del pensament de Ramon Llull*, Barcelona/ València, Publicacions de l'Abadia de Montserrat/IIFV, 1997.

– « L'evolució de les figures A, S, T de l'Art quaternària en el trànsit cap a l'Art ternària », *Taula. Quaderns de pensament* 37 (2002), p. 83-98.

RUIZ SIMON J. M., « De la naturalesa com a mescla a l'art de mesclar (sobre la fonamentació cosmològica de les arts lul·lianes) », *Randa* 19 (1986), p. 69-99.

– *L'Art de Ramon Llull i la teoria escolàstica de la ciència*, Barcelona, Quaderns Crema, 1999.

SALA-MOLINS L., *La philosophie de l'amour chez Raymond Lulle*, Paris, Mouton, 1974.

TRIAS MERCANT S., *Ramon Llull. El pensamiento y la palabra*, Mallorca, El Tall, 1993.

TUSQUETS J., *La filosofia del llenguatge en Ramon Llull*, Barcelona, Balmes, 1993.

URVOY D., *Penser l'Islam. Les présupposés islamiques de l'"Art" de Lull*, Paris, Vrin, 1980.

VEGA A., *Ramon Llull y el secreto de la vida*, Madrid, Siruela, 2002.

YATES F. A., *Assaigs sobre Ramon Llull*, Barcelona, Empúries, 1985.

TABLE DES MATIÈRES